POST-PROCESSING OF
VISUAL PERCEPTION FOR
AUTONOMOUS DRIVING

智能驾驶
视觉感知后处理

韦松 著

机械工业出版社
CHINA MACHINE PRESS

图书在版编目（CIP）数据

智能驾驶：视觉感知后处理 / 韦松著 . -- 北京：
机械工业出版社，2024. 11. --（智能汽车丛书）.
ISBN 978-7-111-76566-0

Ⅰ . U463.61

中国国家版本馆 CIP 数据核字第 2024GU6300 号

机械工业出版社（北京市百万庄大街 22 号　邮政编码 100037）

策划编辑：杨福川　　　　　　　　责任编辑：杨福川　董惠芝
责任校对：孙明慧　张雨霏　景　飞　责任印制：张　博
北京联兴盛业印刷股份有限公司印刷
2024 年 11 月第 1 版第 1 次印刷
186mm×240mm · 14.5 印张 · 268 千字
标准书号：ISBN 978-7-111-76566-0
定价：129.00 元

电话服务　　　　　　　　网络服务
客服电话：010-88361066　机 工 官 网：www.cmpbook.com
　　　　　010-88379833　机 工 官 博：weibo.com/cmp1952
　　　　　010-68326294　金 书 网：www.golden-book.com
封底无防伪标均为盗版　机工教育服务网：www.cmpedu.com

为什么要写这本书

随着新能源汽车的普及，搭载高级智能驾驶系统的车辆越来越多。与此同时，随着新算法以及大算力 SoC 芯片的应用，智能驾驶的核心技术取得了突破性进展。感知模块作为智能驾驶系统中的关键模块，主要基于车辆的行驶性能和共识规则，实时、可靠、准确地探测车辆周围环境给行驶带来的安全隐患，为下游的规控模块提供必要的信息，以便采取适当的操作措施来避免交通事故的发生。视觉感知作为智能驾驶系统的"眼睛"，通过高分辨率摄像头和深度学习技术，能够捕捉到道路上的各种细节（如车道线、交通标识牌、行人、车辆等），并转换为下游所需的信息。因此，从事智能驾驶工作的相关人员有必要了解视觉感知方面的知识。

目前，市面上智能驾驶感知方面的技术资料不少，但关于视觉感知后处理技术的著作不多。考虑到目前国内缺乏系统介绍智能驾驶视觉感知后处理方法的书籍，我编写了本书。

近年来，人工智能技术的发展日新月异，本书中所提到的一些算法和技术将不断被更新，甚至被淘汰。但万变不离其宗，其背后的基本原理不会变，因此本书可以为读者研究和应用智能驾驶视觉感知后处理技术提供参考。

读者对象

本书适合以下人群阅读。

- 从事智能驾驶研发工作的科研机构人员、企业研究人员和工程师。
- 车辆工程、自动驾驶专业的学生。
- 对自动驾驶感知技术和多传感器融合感兴趣的读者。

如何阅读本书

全书共分为 6 章。

第 1 章概述了智能驾驶的历史演进与分类标准，深入探讨了视觉感知在智能驾驶中的实际应用。

第 2 章详细介绍了摄像头的硬件组成及摄像头在自动驾驶中的关键作用，并结合实际应用场景与安装位置，对摄像头的关键参数与性能要求进行了全面阐述。

第 3 章对摄像头成像模型与标定技术进行了专业解析，概述了科研与量产中广泛应用的标定方法。

第 4 章简要介绍了车道线检测技术，并重点阐述了车道线的后处理与跟踪策略。

第 5 章深入探讨了视觉障碍物检测技术的发展现状，重点讲解了障碍物测距与目标跟踪方法，同时介绍了红绿灯、交通标识牌等的视觉处理手段，并结合智能驾驶功能，针对量产中常见的问题提出了实用的解决方法。

第 6 章对多摄像头标定技术进行了详细阐述，并重点介绍了多摄像头融合算法，最后对目前流行的 BEV 算法进行了简要介绍。

勘误和支持

由于我的水平有限，书中难免会出现一些错误或者表达不准确的地方，恳请读者批评指正。联系邮箱：weisong. 885@ 163. com。

致谢

感谢一起合作过的同行，正是因为与各位同行的深入交流、紧密合作以及项目经验的不断积累，我才有了撰写本书的想法。在本书创作过程中，他们为我提供了许多宝贵的建议和写作思路，使我得以不断丰富和完善书中的内容。感谢西北工业大学亚军老师帮忙收集资料和提供相关的思路，感谢心满、炳刚、瑛哥、小徐同学、豆哥、豆包以及其他好朋友的鼎力相助。

感谢我的爱人，她在我写作期间承担了很多家庭责任，让我能够全心全意地投入到创作中。她的理解与包容，让我在写作过程中更加从容与自在。感谢孩子的日常鼓励和提醒，他那明朗的笑容一直激励着我。

韦　松

目　录 *Contents*

VIII

第 1 章 *Chapter 1*

智能驾驶与视觉感知后处理

汽车作为一种重要的运载工具，自 20 世纪以来便在人们的生产生活中扮演着重要的角色。汽车的发展与普及不仅改善了人们的生活方式，也极大地推动了社会经济文化的发展。随着人工智能时代的到来，智能驾驶已经成为当今技术和资本运作最为活跃的领域之一。本章将概括智能驾驶的发展历程与智能驾驶的分级方法，并对视觉和视觉后处理在智能驾驶中的发展和应用做介绍。

1.1 智能驾驶概述

近些年，随着人工智能技术的发展，智能汽车成为人工智能落地的方向之一。多项研究和试验表明，智能汽车在减少人为因素造成交通事故的同时，还可以有效提升道路的通行效率。根据国家发改委等 11 个部委于 2020 年 2 月联合发布的《智能汽车创新发展战略》，智能汽车不仅有利于加速汽车产业转型升级，更有利于加快建设制造强国、科技强国、智慧社会，增强国家综合实力。智能汽车不仅是先进制造业的关键支撑装备，还是改善人类出行方式的重要工具，对提升我国的国际竞争力有重要意义。

1.1.1 智能驾驶的发展

1995 年，美国卡内基梅隆大学的 NavLab 项目首次实现了智能驾驶车辆在城市道路上行驶，开始了智能驾驶技术的应用。但当时的技术相对落后，难以应对复杂的环境，无法实现稳定的行驶。到了 2010 年，随着传感器和计算机技术的不断进步，智能驾驶技术取得了重要突破，摄像头、激光雷达、毫米波雷达等众多传感器成为智能驾驶车辆的"眼睛"。这些传感器可以帮助车辆实时获取周围的环境信息。到了 2016 年，随着深度学习的不断应用和人工智能算法的发展，车辆能够更准确地理解和应对复杂的交通环境。

2020 年前后，智能驾驶进入高度自动化和实际应用阶段，越来越多的汽车制造商以自动紧急制动（AEB）系统和车道偏离预警系统（LDWS）为切入点，开始逐步推出装配"高级驾驶辅助系统"（ADAS）的汽车，实现了在特定条件下的自动驾驶。同时，一些城市开始试点自动驾驶出租车、公交车等公共交通工具，初步实现了自动驾驶技术在现实生活中的应用。但是，这一阶段的智能驾驶技术需要驾驶员时刻保持警惕，以应对在不同城市道路上的突发情况。

1.1.2　智能驾驶系统的分级

智能驾驶（又叫自动驾驶）分级最早出现在美国汽车工程师学会（SAE）的 J3016 规范中，它将自动驾驶系统分为 6 个级别，即所谓的 L0 ~ L5。另外，我国 2021 年发布的 GB/T 40429 也对自动驾驶系统分级做了规定，和 J3016 最新版规定的等级基本一致，只不过采用 0 级、1 级替换了 J3016 中的 L0、L1 的说法。

1. L0 级/0 级自动驾驶系统

L0 级/0 级自动驾驶也叫"应急辅助驾驶"，即不能持续地执行动态驾驶任务中的车辆横向或纵向运动控制。该级别系统具有与所执行的车辆横向或纵向运动控制相适应的部分目标和事件探测与响应能力。

通俗地讲就是，L0 级/0 级自动驾驶系统主要有两部分功能：一部分是预警类功能，这部分功能仅提供预警服务，不会干预驾驶员对车辆加减速和转向控制；另一部分是控制类功能，这部分功能不会持续帮驾驶员控制车辆，仅在某些条件满足时短暂介入车辆的加减速和转向控制。

L0 级/0 级自动驾驶系统不是无驾驶自动化系统，它是可以对周围环境进行感知的，并在必要时提供提示信息或短暂介入车辆控制，以辅助驾驶员处理紧急情况（如车道偏离预警、前向碰撞预警、自动紧急制动、车道偏离抑制等）。

2. L1 级/1 级自动驾驶系统

L1 级/1 级自动驾驶也叫"部分辅助驾驶"，即系统在运行设计条件下持续地执行动态驾驶任务中的车辆横向或纵向运动控制。该级别系统具有与所执行的车辆横向或纵向运动控制相适应的部分目标和事件探测与响应能力。通俗地讲，L1 级自动驾驶系统就是帮助驾驶员持续控制横向或纵向运动，而且只会持续控制其中一个，如车道居中功能只有横向控制、自适应巡航功能只有纵向控制等。

3. L2 级/2 级自动驾驶系统

L2 级/2 级自动驾驶也叫"组合辅助驾驶"，即系统在运行设计条件下持续地执行动态驾驶任务中的车辆横向和纵向运动控制。该级别系统具有与所执行的车辆横向和纵向运动控制相适应的部分目标和事件探测与响应能力。通俗地讲，该级别系统会帮助驾驶员持续控制纵向和横向运动，即长时间同时控制车辆的转向和加减速。

4. L3 级/3 级自动驾驶系统

L3 级/3 级自动驾驶也叫"有条件的自动驾驶"，即系统在运行设计条件下持续地执行全部动态驾驶任务。通俗地讲，该级别系统是在运行设计域（Operation Design Domain，ODD）内执行自动驾驶控制。当自动驾驶系统判定自身无法继续自动驾驶时，它会发出警告，请求驾驶员接管车辆，驾驶员需要在一定时间内（一般来说是 10s 内）接管车辆。如果驾驶员不接管车辆，一旦超过允许的接管时间，自动驾驶系统不会再对车辆负责。若驾驶员在接到接管请求后一直未能接管，自动驾驶系统将根据当前情况采取最小风险策略，通常是使车辆停靠到路边或在当前车道内停车，并激活紧急闪光灯，以确保车辆和乘客的安全。

所谓 ODD，是指设计自动驾驶系统时预期的运行环境，包括道路类型（高速公路、城市道路等）、天气状况（晴天、雨天、雪天等）、地理围栏（预先设定好的智能驾驶车辆行驶范围）、交通参与者（车辆、行人、骑行人）、信号（GPS 信号、网络连接）连通性等。GB/T 40429 指出采用运行设计条件（Operation Design Condition，ODC）来表示满足的条件。

ODC 是在 ODD 的基础上进一步细化的条件，包括驾驶员的状态要求，如系统可能要求驾驶员在特定情况下必须保持清醒、注意力集中，不能闭眼或视线偏离驾驶区域。这些条件确保了自动驾驶系统请求驾驶员接管控制时，驾驶员能够迅速而有效地做出反应。L2与L3级自动驾驶最根本的区别在于责任权的归属问题。在L3级别，制造商承诺在其系统的运行设计域内承担全责；而在L2级别，驾驶员仍需对车辆的安全运行负责，即使在车辆的部分自动化模式下。这一责任归属的转变是L3级别自动驾驶系统的重要特征，代表了自动驾驶向更高级别自动化的过渡。

5. L4级/4级自动驾驶系统

L4级/4级自动驾驶又叫"高级自动驾驶"，即系统在运行设计条件下持续地执行全部动态驾驶任务，并在无法完成驾驶任务时自动执行最小风险策略。通俗地讲就是，该级别系统始终承担驾驶责任，在无法完成驾驶任务时，依旧会提示驾驶员接管，但是允许驾驶员不接管车辆，这时系统会执行最小风险策略，以确保车辆达到最小风险状态。这是L4与L3级自动驾驶的最大区别，即是否一定需要驾驶员接管。

6. L5级/5级自动驾驶系统

L5级/5级自动驾驶又叫"完全自动驾驶"，即系统在任何可行驶条件下持续地执行全部动态驾驶任务并自动执行最小风险策略，也就是L5级系统在L4级系统的基础上，取消了ODD的限制，允许在全场景下使用，且制造商会负全部责任。

目前，L5级自动驾驶被认为是未来很长时间内无法达到的状态，很长时间将停留在L4级的状态，只是在L4级的状态下不停地扩大场景覆盖度。

从驾驶员角度来总结一下分级：L2级可以脱脚，L3级可以脱手，L4级可以脱眼。对应到车辆，L3级及以下系统一般不允许取消方向盘。L4级及以上系统允许取消方向盘。当下，很多车企已经投入研发并实现了L3、L4甚至更高级别的自动驾驶，但在技术水平不够成熟或是测试数据不够充分的情况下贸然推出高级别自动驾驶的车辆，如果出现自动驾驶事故，会带来经营风险。所以，部分车企打出L2+、L2.5、L2.9级别自动驾驶的口号。

除了SAE的J3016外，目前国际上比较公认的自动驾驶分级标准还有美国高速公路安全管理局（NHTSA）的分级标准。表1-1给出两种不同分级标准概览。

表 1-1　NHTSA 与 SAE 自动驾驶分级概览

自动驾驶分级		名称	定义	驾驶操作	周边监控	接管	应用场景
NHTSA	SAE						
L0	L0	应急辅助驾驶	由人类驾驶员全权驾驶汽车	驾驶员	驾驶员	驾驶员	无
L1	L1	部分辅助驾驶	汽车负责方向盘和加减速中的一项操作，人类驾驶员负责其余的驾驶操作	驾驶员/汽车	驾驶员	驾驶员	限定场景
L2	L2	组合辅助驾驶	汽车负责方向盘和加减速中的多项操作，人类驾驶员负责其余的驾驶操作	驾驶员/汽车	驾驶员	驾驶员	
L3	L3	有条件的自动驾驶	汽车完成绝大部分驾驶操作，人类驾驶员需保持注意力集中，以备不时之需	汽车	汽车	驾驶员	
L4	L4	高级自动驾驶	汽车完成所有驾驶操作，人类驾驶员无须保持注意力集中，但限定道路和环境条件	汽车	汽车	汽车	
	L5	完全自动驾驶	汽车完成所有驾驶操作，人类驾驶员无须保持注意力集中	汽车	汽车	汽车	所有场景

1.1.3　智能驾驶系统的发展趋势

　　智能驾驶系统在现代交通领域占据了越来越重要的地位，其技术核心在于实现安全、高效、智能的车辆控制。随着科技的不断进步，智能驾驶系统的开发和应用已成为行业趋势。它能够解决交通拥堵、交通事故、行驶效率等方面的问题，给我们的生活带来了更多便利。

　　智能驾驶系统架构通常包括以下几个主要模块：感知模块、预测模块、规划模块、控制模块。这些模块相互协作，共同实现智能驾驶。智能驾驶的本质是用神经网络模型替代基于规则的算法，使车辆逐渐掌握驾驶技能，包括感知、决策、控制等多个方面。感知模块主要通过传感器等设备获取车辆周围环境的信息，预测模块根据获取的信息对车辆的行驶状况进行预测，规划模块根据预测结果制订行驶计划，控制模块负责实施计划，对车辆进行精确的控制。

　　智能驾驶系统的发展经历了几个阶段，如图 1-1 所示。

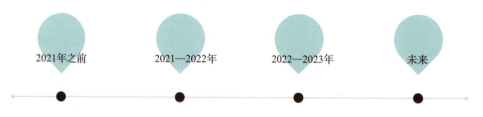

图 1-1　智能驾驶系统的发展趋势

当下已经量产的智能驾驶系统框架是"2D 感知+以规则为主"的规划控制模块框架。这种框架利用深度学习算法对传感器数据进行处理，以实现精确的车辆定位和地图构建。它能够有效解决车辆在复杂环境中的导航和避障问题，为智能驾驶的发展提供了新思路。

"BEV 感知+规则和学习混合"的规划控制模块框架是当下正在落地的流行智能驾驶系统框架。BEV（Bird's Eye View）是指从鸟瞰视角来观察车辆及其周围环境，可以采用 Transformer 模型处理序列数据。在智能驾驶中，该框架将车辆的传感器数据转换为鸟瞰视图，并使用 Transformer 模型对数据进行处理，以实现车辆的感知和决策。这种框架具有高效性和准确性，被广泛应用于自动驾驶系统的开发。

感知决策一体化框架是当下以及未来一段时间比较流行的智能驾驶系统框架。它通过将感知和决策两个过程整合在一起，实现了高效的数据处理和决策。在这种框架下，传感器数据被迅速处理并用于指导车辆的行动，同时车辆的行动又能够反馈到传感器中，从而形成闭环控制。这种框架在实现智能驾驶过程中具有重要作用。

未来，"世界模型+LLM"框架将会成为最有前景的智能驾驶框架。世界模型是一种用于描述车辆周围环境的模型，LLM 是一种能够处理自然语言的大型语言模型。在这种框架下，车辆通过传感器获取周围环境的信息，并将其输入到世界模型中，世界模型通过对环境信息的处理和分析，输出车辆的行动指令，而这些指令又被 LLM 用来实现自然语言的语音控制。这种框架具有很高的灵活性和扩展性，可以实现更加智能化和人性化的车辆控制。

综上所述，智能驾驶系统的开发和应用已经成为交通领域的重要发展方向。智能驾驶系统实现中涉及多个主要模块、多种先进技术和模型，这些技术和模型为实现智能驾驶的最终目标提供了强有力的支持。

1.2　视觉感知在智能驾驶中的应用

1.2.1　计算机视觉概述

视觉是人类观察和认知外部世界的重要手段。人类获得的外部信息中有 80% 是通过视觉器官获取的。计算机视觉是通过图像或者视频数据来感知、识别和理解客观世界，从而达到模拟人眼的目的。它主要以数码摄像机拍摄的数字图像或数字视频为原始数据，从中提取出在图像或视频中能观察到的事物。

David Marr 在其著作 *Vision* 中提出了计算机视觉计算理论框架（见图 1-2）。该理论受人工智能和神经科学两方面的影响，是计算神经科学的前驱，也是对视觉计算理论研究影响最深刻的理论之一。

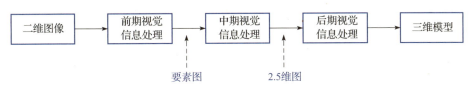

图 1-2　计算机视觉计算理论框架

Marr 指出，视觉实际上是一个层次化、模块化的信息处理过程，通过该处理过程最终建立一个外部世界的描述。视觉信息处理大致可以分为 3 个步骤：前期视觉信息处理、中期视觉信息处理、后期视觉信息处理。前期视觉信息处理是将原始图像转换为包括边缘、线段、角点、纹理等特征的基本要素图；中期视觉信息处理是完成 2.5 维描述，即对物体表面、深度及轮廓进行描述，是观察者坐标系下的部分三维描述；后期视觉信息处理是完成完整的三维描述，即对物体实现形状与空间位置的三维模型描述。视觉信息处理研究包括计算理论、算法描述和硬件实现 3 个方面，既要从计算理论出发研究计算策略、约束条件、基元等，又要设计三维重建算法，并用硬件实现。

1.2.2　计算机视觉原理

计算机视觉系统以图像模型的形式构建或复原现实世界，认知现实世界。计算机以及信号处理理论出现后，人们开始尝试使用摄像机等图像捕捉设备代替人眼获取图像，然后使用计算机或嵌入式处理器等代替人脑分析、认知和理解数据，由此诞生了计算机视觉学科。计算机视觉学科要实现的最终目标是使计算机和机器能够像人类那样观察和理解世界，目前应用中的一般目标只是让计算机和机器能够达到一定程度的智能要求。

计算机视觉的研究始于 20 世纪 50 年代，最初是通过统计模式识别方法识别光学字符。1959 年，Russell 等人成功研制出第一台数字图像扫描仪，从此揭开了数字图像处理的序幕。20 世纪 60 年代初，数字图像处理学科形成，一些研究人员开始通过计算机编程提取简单形体的三维结构，从而得到物体形状和空间位置关系。同时，更多的研究人员开始研究图像特征提取，分析图像灰度、纹理、运动等，形成了很多方面的研究标准和统一规则。

20 世纪 80 年代前后，MIT 开设了计算机视觉理论的课程，标志着计算机视觉理论有了明确的体系。这一事件对于计算机视觉的发展起到了积极的推动作用。此后，越来越多的工程学者开始投身于计算机视觉的研究和应用领域。

到 2006 年，Hinton 等人提出了深度神经网络（DNN）的概念，为计算机视觉领域的研究提供了新的工具和方法。随着深度学习技术的快速发展和应用，计算机视觉领域的研究也取得了重大突破。

1.2.3　计算机视觉在智能驾驶中的应用

在智能驾驶领域，智能驾驶系统可以通过图像识别和目标检测等技术，对车辆周围的环境进行感知和分析，从而为驾驶员提供更加准确和及时的驾驶辅助信息。例如，智能驾驶系统可以通过计算机视觉技术识别车道线、交通信号灯、行人、其他车辆的位置和速度等信息，并根据这些信息进行自动驾驶或辅助驾驶员进行更加安全、高效的驾驶。

视觉感知系统主要以摄像头作为传感器输入，经过一系列的计算和处理，实现对自车周围环境的精确感知。它的目的在于为融合模块提供准确、丰富的信息，包括被检测物体的类别、距离、速度、朝向以及抽象层面的语义信息。因此，视觉感知系统的道路交通感知功能主要包括以下 3 个方面。

1）检测和识别物体：视觉感知系统能够检测和识别道路上的各种物体，包括车辆、行人、道路标志、交通信号灯等，并为驾驶员提供准确的距离和速度信息。

2）判断交通情况：视觉感知系统能够根据交通场景中的各种因素，如车辆行驶轨迹、交通信号灯状态、道路标志等，判断交通情况，提供实时的交通信息。

3）提取语义信息：视觉感知系统能够根据检测到的物体和场景信息，提取出抽象层面的语义信息（如车辆行驶意图、行人行为意图等），为决策模块提供参考依据。

这 3 个功能可以通过一个主干深度神经网络实现。这样不仅可以提高检测速度、减少计算参数，还可以通过增加主干深度神经网络层数的方式提高检测和分割精度。如图 1-3 所示，我们可以将视觉感知任务分解成目标检测、图像分割、目标测量、图像分类等。

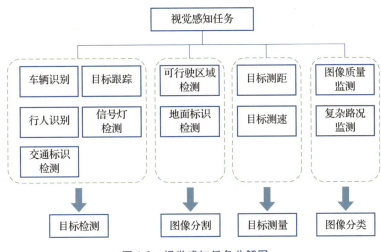

图 1-3　视觉感知任务分解图

1.2.4　视觉后处理与智能驾驶

在 "2D 感知+以规则为主" 的规划控制模块框架中，视觉后处理的重要性不言而喻。它是将图像坐标系下的环境信息转换为世界坐标系下的信息，让车辆更好地理解道路状况、交通参与者以及潜在的危险。通过这种处理，智能驾驶车辆可以更准确地掌握道路上的情况，从而更好地规划行驶路径和避让障碍物，提升行车安全性。同时，视觉后处理的结果还可以为后续的决策规划提供关键依据，帮助车辆在复杂多变的路况中做出正确的决策。

在进行视觉后处理的过程中，车辆需要完成一系列复杂的计算和推理。首先，对采集到的图像数据执行降噪、增强等预处理操作，以提高图像的质量和清晰度。然后，通过坐标转换将图像坐标系下的环境信息映射到世界坐标系下，实现车辆对环境的感知和理解。

这个过程需要用到复杂的逻辑运算和各坐标系之间的旋转平移运算，以确保坐标转换的准确性和实时性。

在完成坐标转换后，智能驾驶车辆就可以在世界坐标系下实施一系列策略。如通过测距技术，车辆可以精确判断前方障碍物与自身的距离，从而自动调整行驶速度或进行避让。同时，跟踪拟合技术大大增强了车辆对周围环境的感知能力。无论行人、车辆，还是交通标志，都能被有效地识别、追踪和预测，这为车辆的决策规划提供了有力支持。这些技术的运用不仅可以提高车辆的行驶安全性，还可以优化行驶路径和速度，提高道路通行效率。

但是，视觉后处理也存在一些挑战和限制。在某些恶劣天气（如雾霾、雨雪等）下，图像的清晰度和对比度可能会大幅下降，给视觉后处理带来巨大挑战。在这种情况下，车辆的感知能力和决策能力会受到严重影响，甚至可能导致安全事故。此外，对于高速行驶的车辆来说，短时间内获取大量图像信息并迅速处理、决策是一项极具难度的任务。这也促使研究者不断探索更高效、更稳健的视觉后处理方法，以进一步提升自动驾驶的安全性和可靠性；同时，还需要通过不断的研究和实践来验证、完善这些技术。

1.2.5 视觉感知在智能驾驶中的发展趋势

当前，"BEV+Transformer"框架已经逐渐投入实际应用。Transformer模型的特性在一定程度上解决了传统规则视觉后处理中的一些缺陷问题。通过使用Transformer模型提取的特征向量，可以在统一的3D坐标系空间实现特征融合，从而提升智能驾驶的感知能力。这种方式有助于减少对高精地图的依赖，优化极端场景（Corner Case）的处理。

此外，Transformer大模型结合时序信息进行动态识别，在智能驾驶过程中通过对车辆周围环境的时间序列分析，可以更好地理解和预测车辆的行为和状态。这种基于特征融合的方式也有助于提升智能驾驶的感知能力，提高行车的安全性和舒适性。

摄像头硬件系统

作为自动驾驶的核心传感器之一，摄像头是视觉感知的源头，也是实现自动驾驶众多规划、控制的基础。摄像头通过光学组件将获取的光信号投射到图像传感器上，实现光信号到电信号的转换，再转换为数字图像信号，最后进行信号的算法处理，从而实现感知车辆周边环境、路况的功能。摄像头外形和剖面示意图如图 2-1 所示。

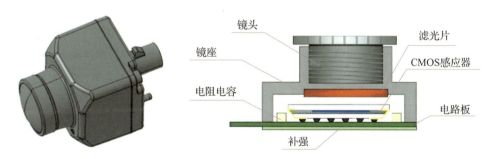

图 2-1 摄像头外形和剖面示意图

相比于激光雷达和毫米波雷达，摄像头除成本优势外，还能够识别车辆周边的环境信息和图像纹理信息，能够"看到"目标的类型、信号灯的颜色等，实现如车辆、行人、车道线、交通标识物的检测、距离估计等功能，类似于人类的眼睛。本章首先对摄像头的硬件系统和摄像头在自动驾驶中的应用进行介绍，然后结合摄像头的应用场景和安装位置，对摄像头的关键参数和性能要求进行介绍。

2.1 摄像头的硬件组成和工作原理

摄像头的硬件结构如图 2-2 所示，主要包含光学组件、CMOS（Complementary Metal Oxide Semiconductor，互补金属氧化物半导体）图像传感器、DSP（Digital Signal Processing，数字信号处理）单元等。

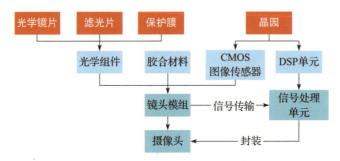

图 2-2 摄像头的硬件结构示意图

1）光学组件也叫镜头组件，是由光学镜片、滤光片、保护膜等组成的，是摄像头最基础的硬件部分。

2）CMOS 图像传感器简称 CIS，也叫感光元件，是模拟电路和数字电路的集成，是摄像头最基础、最重要的模块。其硬件结构如图 2-3 所示。CIS 模块主要包含像素阵列（成千上万的微小像素点规则排列，每个像素点包含一个光电二极管，用于捕获光子并将其转换成电信号）、行/列选择器（控制哪些像素点被读出，允许随机访问图像中的特定区域，也支持全局快门功能）、模拟转换器（将模拟电信号转换为数字信号，便于后续的数字处理）、时序和控制逻辑（负责协调整个图像传感器的工作，包括曝光时间的控制、数据输出的格式和速率等）。

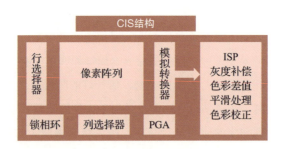

图 2-3 CMOS 图像传感器的硬件结构示意图

图 2-4 展示了摄像头的成像原理。滤光片的作用是分离反射光中的 RGB 颜色分量。这些颜色分量通过 CMOS 感光元件形成 Bayer 阵列滤镜。所谓的 Bayer 阵列，是 CIS 拍摄彩图的主要技术之一，是由 8 个绿色、4 个蓝色、4 个红色像素组成的 4×4 阵列。它在将灰度图转换为彩色图时会以 2×2 矩阵进行 9 次运算，最终生成一幅彩图，如图 2-5 所示。

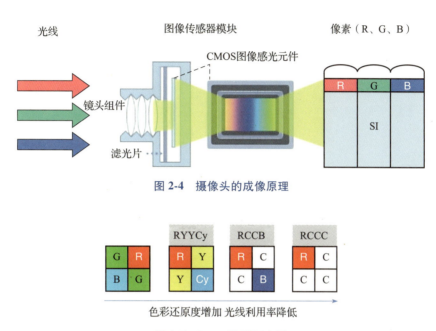

图 2-4　摄像头的成像原理

图 2-5　Bayer 阵列示意图

3）DSP 单元是一种专用的、针对数字信号处理算法运算的微处理器芯片。DSP 单元的工作原理是接收来自音频或图像传感器的信号，不断地将信号从模拟形式转换为 0 或 1 的数字信号，再对数字信号进行修改、删除、强化，并在其他系统芯片中把数字信号转换回模拟数据或者实际数据格式。DSP 单元具有可编程能力，可每秒实时运算数以千万条复杂指令，远超其他通用微处理器。

摄像头在获取数字信号后，通过串行器进行编码，再通过 LVDS 或者其他高效链路，传输到对应的计算平台上，然后通过对应解串器进行解码，送入计算单元进行图像分析，并最终输出感知结果。图 2-6 展示了从光信号转换到生成感知结果过程中所涉及的硬件元件以及软件模块。

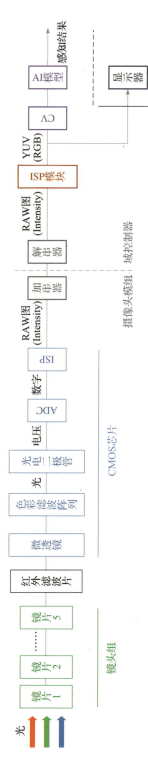

图 2-6 从光信号转换到生成感知结果的具体过程示意图

2.2　摄像头时间戳

从图 2-6 可以看出，虽然摄像头从接收光信号到最终感知结果需要一个比较复杂的流程，但大体可以归结为曝光和读取两个阶段。曝光阶段就是指摄像头传感器的数据采集模块将光信号转换为电信号，读取阶段则是将转换后的电信号读取出来。曝光阶段和读取阶段在时间上可以是互相重叠（交叠式曝光）的，也可以是没有重叠（非交叠式曝光）的。非交叠式曝光指上一次的"曝光+读取"过程结束以后，再进行新一次的"曝光+读取"，两次在时间上不存在任何重叠。图 2-7 所示的曝光和读取阶段在时间上没有重叠。交叠式曝光则是指在某次数据读取还没结束的时候，就开始下一次的曝光。图 2-8 所示为上一次读取过程还没结束的时候，下次曝光就开始了。交叠式曝光的判断主要取决于摄像头传感器的硬件特性。

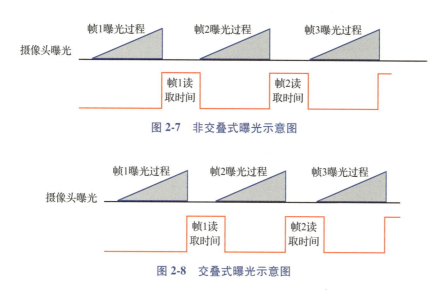

图 2-7　非交叠式曝光示意图

图 2-8　交叠式曝光示意图

从图 2-7 和图 2-8 可以看出，交叠式曝光理论上可以提供比非交叠式曝光更高的影像帧率。

当下，自动驾驶汽车中的摄像头是以触发机制进行工作的，即摄像头收到信号就进行拍摄，否则一直处于待机状态。摄像头的触发又分为内部触发和外部触发两种模式。内部触发是指摄像头通过设备内部给的信号采集图像；外部触发是指摄像头通过设备外部给的信号采集图像，可以是通过软件触发，也可以是硬件触发。

所谓"硬件触发"，是指外部设备通过摄像头的 I/O 接口进行连接，传递触发信号给摄像头。当前，自动驾驶汽车上使用的卷帘快门摄像头是支持外部触发曝光的。硬件触发示意图如图 2-9 所示。首先，外部设备发送一个触发信号 Trigger_ in1，摄像头接收到这个信号以后，立即开始曝光，然后读取数据。在本次读取过程还没结束的时候，摄像头又收到了新的触发信号 Trigger_ in2，开始下一次曝光过程，依次循环。

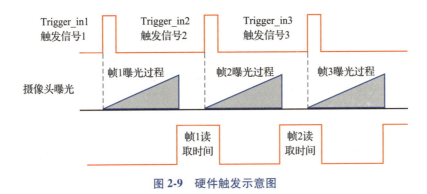

图 2-9　硬件触发示意图

从图 2-9 中可以看出，摄像头帧周期包括曝光时间和读取时间（整帧像素点读出）。对于相同的 CMOS 芯片的摄像头，读取时间是固定的，所以即使曝光时间固定，摄像头帧率也是有上限的。

智能驾驶车辆中常常会用多个传感器执行感知和下游规控任务。多个传感器之间数据关联最直接的方式就是时间同步。一般，智能车上的摄像头连接到 SoC，方便进行摄像头信号感知处理。所以，目前最常用的摄像头时间戳是到达 SoC 的系统时间。这个时间包括曝光时间、读取时间、传输编/解码时间等。

对于外部触发的多摄像头系统，假设已经完成时间系统的授时，我们可以采用以下方法来实现摄像头时间同步，如图 2-10 所示。

1）摄像头工作处于外部触发模式，SoC 提供触发源（即触发脉冲信号），并记录触发脉冲序号。

2）摄像头拍照时，曝光时刻会产生脉冲并对外输出，由 SoC 捕获，并记录信号捕获时间及序号。

3）记录的信号捕获时间及序号信号会被存储起来，然后在 SoC 中与摄像头触发脉冲信号进行一一对应，同时时间信息也可以与位置轨迹相匹配，这样就完成了摄像头帧与位置的关联。

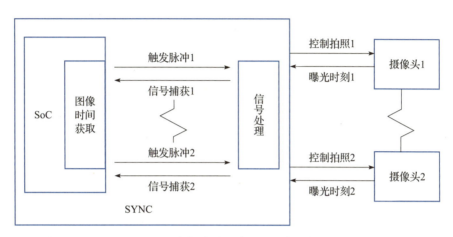

图 2-10 多摄像头系统时间同步示意图

由于读取时间、传输编/解码时间的存在，这种多摄像头系统时间同步方案多少会产生一些误差。这种误差是能被下游的感知任务所接受的。最理想的方式是选择支持 IEEE 1588（或 IEEE 802.1AS）时钟同步协议的摄像头。这种摄像头能够确保自身的时钟与 SoC 的系统时间完全同步，为每一帧图像都增加一个时间戳，确保 SoC 能够读取到这个时间戳。这样就可以避免编/解码、传输延时引入的同步误差。

2.3 摄像头在自动驾驶中的应用

根据摄像头的安装位置，摄像头可以分为前视摄像头、侧视摄像头、后视摄像头、内置摄像头、环视摄像头等。在高级别自动驾驶车辆上，配置的摄像头有多个，如特斯拉 Autopilot2.0 配有 8 个摄像头。

1. 前视摄像头

前视摄像头一般分为远距离摄像头、中距离摄像头、近距离摄像头等，安装在前挡玻璃较高的位置，以实现较远距离的有效检测。中距离或者远距离摄像头一般有效检测距离为 90~250m，水平视场角在 60°以下，能够有效检出行人、车辆、车道线、路沿线、交通信号灯、交通标识牌等。近距离摄像头有效检测距离小于 70m，水平视场角一般在 70°～120°，主要进行车道线、交通信号灯、交通标识牌等的检测。在高级别自动驾驶中，我们常常会采用 3 种摄像头搭配的形式进行安装配置。高级驾驶辅助系统（ADAS）中的前视摄像头安装配置如图 2-11 所示。

前视摄像头	
安装位置	前挡风玻璃后
水平视场角HFOV	长焦：30°；中焦：60°；广角：120°
景深	1～3m～无穷远
感知距离（2MP 下的车辆目标）	长焦：200m；中焦：150m；广角：120m
感知目标	车辆/行人/两轮车、车道线、路沿、交通标志牌、红绿灯、静止目标（锥桶等）
ADAS/AD相关功能	AEB、ACC、LKA、TSR、TLR

图 2-11　前视摄像头安装配置

2. 侧视摄像头

侧视摄像头主要用于探测车身周围的盲区。这些盲区通常是车辆自身结构（如 A 柱遮挡等）造成的。盲区的存在会大大增加交通事故发生的概率。在当下自动驾驶领域，我们也会经常利用侧视摄像头进行周边障碍物的探测，实现车辆 360°感知，避免在危险盲区发生意外。侧视摄像头的安装配置如图 2-12 所示。

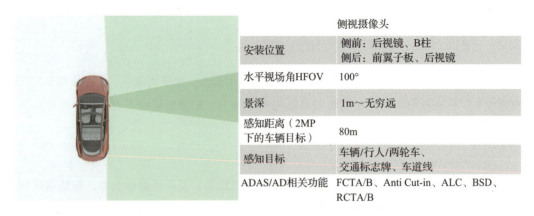

侧视摄像头	
安装位置	侧前：后视镜、B柱 侧后：前翼子板、后视镜
水平视场角HFOV	100°
景深	1m～无穷远
感知距离（2MP 下的车辆目标）	80m
感知目标	车辆/行人/两轮车、交通标志牌、车道线
ADAS/AD相关功能	FCTA/B、Anti Cut-in、ALC、BSD、RCTA/B

图 2-12　侧视摄像头的安装配置

3. 后视摄像头

后视摄像头在高级别自动驾驶车辆中，常常用来探测后方的车辆、行人，帮助车辆更早地规划决策，也会在倒车情况下探测后方障碍物等，实现安全倒车。后视摄像头的安装配置如图 2-13 所示。

后视摄像头	
安装位置	后车窗玻璃内/外
水平视场角HFOV	60°~100°
景深	1~3m~无穷远
感知距离（2MP 下的车辆目标）	100m
感知目标	车辆/行人/两轮车
ADAS/AD相关功能	ALC、BSD、RCTA/B

图 2-13　后视摄像头的安装配置

4. 环视摄像头

环视摄像头一般是采用广角或者鱼眼镜头，用于低速近距离感知，采集车身周围全景信息，提供车辆四周画面，主要用于探测类似车位线、静态障碍物等影响泊车的元素。在当下流行的 BEV（Bird's Eye View）算法中，环视摄像头也参与其中（甚至有超级鱼眼摄像头替换侧视摄像头，实现周围 360°的感知算法）。环视摄像头的安装配置如图 2-14 所示。

环视摄像头	
安装位置	前后保险杠和左右后视镜
水平视场角HFOV	190°~200°
景深	0.1m~无穷远
感知距离（2MP 下的车辆目标）	30m
感知目标	车辆/行人、车位线、交通标志牌、静止目标（购物车、婴儿车等）
ADAS/AD相关功能	APA、AVP

图 2-14　环视摄像头的安装配置

5. 内置摄像头

内置摄像头主要用于驾驶员姿态的监控，针对疲劳、不规范驾驶等危险行为进行预警。内置摄像头需要在全天候工况（包含暗光、夜晚、逆光等）下运行，且不受驾驶员衣着影响，如图 2-15 所示。

图 2-15 内置摄像头功用示例

将各摄像头与智能驾驶功能相结合，可以得出表 2-1 所列的对应关系。

表 2-1 摄像头在 ADAS 中的功能概览

功能	摄像头类型		具体功能简介
车道偏离预警（LDW）	前视	单目/双目	车辆偏离车道时，发出警报
前向碰撞预警（FCW）	前视	单目/双目	监测到与前车距离过近时，发出警报
车道保持辅助（LKA）	前视	单目/双目	监测本车道的车道线，当车辆即将偏离时，发出警报
行人碰撞辅助（PCW）	前视	单目/双目	监测前方道路的行人，并在可能发生碰撞时，发出警报
交通标志识别（TSR）	前视	单目/双目	识别车辆前方道路两侧的交通标志
盲点监测（BSD）	侧视	广角	监控车辆盲区内障碍物
泊车辅助（PA）	后视	广角	泊车或倒车时，预测出倒车轨迹，辅助倒车
驾驶员注意力监测（DM）	内置	广角	安装在车内部，监测驾驶员开车状态
360°环视（AVM）	前侧后	鱼眼/广角	利用车辆前后的摄像头获取图像进行拼接，输出车身周围全图

2.4 摄像头关键参数

电子元件会对摄像头性能产生影响。所以在选择车载摄像头时，我们需要根据功能和使用场景进行决策，一般会参考如下参数指标。

1）帧率：是指在单位时间摄像头所捕获并生成完整图像帧的数量，即单位时间对视频信号空间行上完成的全部扫描次数，单位为帧/秒。

2）有效像素：是指能进行有效光电转换并输出影像信号的像素数量，常见的像素有1920×1080、960×720 等。

3）视场角：可分为水平视场角和垂直视场角，它以光学设备的镜头中心为顶点。具体来说，视场角是由被观测物体通过镜头时，镜头能够捕捉到的最大范围的边缘之间的角度，也就是常说的 FOV。

4）分辨率：用于表征摄像头对被摄景物细节的分辨能力，采用空间频率响应对细节分辨能力进行度量。

5）信噪比：是指视频信号的大小与噪声信号（无用信号）大小的比例，以 dB 为单位。

6）动态范围：是指摄像设备能够记录的从最黑到最白之间的最大影调范围。动态范围越大，说明拍摄的影像层次越分明。所有超出动态范围的曝光值都只能记录为黑或白。动态范围实际上描述了摄像设备记录影像灰阶等级的能力，可用灰阶测试图卡的灰阶级数表达。

其他参数还包括最高亮度、最低照度、光轴中心精度、自动增益、白平衡、炫光、鬼像、启动时间、系统延迟等。

这些参数都需要专业的工具进行测试，以掌握摄像头的性能。当然，最重要的还是车规级摄像头。

2.5 车规级摄像头性能要求

在汽车领域，我们常会听到"车规级"这个词汇。所谓的"车规级"，就是需要满足车辆零部件规格和质量体系标准。目前，汽车行业常用的标准为 ISO/TS 16949—2016《质

量管理体系 汽车行业生产件与相关服务件的组织实施 ISO 90001 的要求》和 ISO 26262—2018《道路车辆功能安全》。前者是以 ISO 9001—2015《质量管理体系要求》标准为基础，确立了针对汽车相关产品的设计、开发、生产、相对应的安装、服务的质量管理要求，适用于整个汽车供应链的组织。后者是一项国际标准，是从《电子/电气/可编程电子安全系统的功能安全》标准衍生出来的，旨在提高汽车电子、电气产品功能安全。通俗的说法就是 ISO/TS 16949 用于规范一般的汽车零部件供应商的质量管理体系，ISO 26262 为车用电子、软件企业的电气产品功能安全的国际标准。

针对车规级摄像头，因为车辆全天候运作，对应对光线、温度的变化，以及震动都有较高要求，具体如下。

1）耐高温：车规级摄像头需要在 -40~85℃ 范围内都能够正常工作，且能够适应温度的剧烈变化。

2）抗振：车辆在路面行驶时会产生较强的振动，所以车规级摄像头必须能抗各种强度的振动。

3）防水：车辆需要在全天候工况下运行，就需要摄像头密封严实、满足在雨水中浸泡仍可正常使用的要求。

4）使用寿命：车规级摄像头的使用寿命至少 10 年。

5）高动态低噪点：车辆需要在全天候状态下运行，摄像头面对的光线环境变化剧烈且频繁，所以要求摄像头的 CMOS 具有高动态性，在光线较暗时，能够有效地抑制噪点的产生。

某些具有特定功能的摄像头（如侧视摄像头、环视摄像头等）还需要水平视场角比较广。

关于车规级摄像头，我们可以按 QC/T 1128—2019《汽车用摄像头》中的相关规定进行测试和判定。QC/T 1128—2019 是由全国汽车标准化技术委员会（SAC/TC 114）提出和规划的一份关于汽车用摄像头测试的标准，适用于基于可见光成像技术的摄像头产品测试。该标准内容涉及摄像头的光学性能、成像质量及可靠性等方面的参数，对汽车行业摄像头的品质和功能起到了规范和指导的作用。图 2-16 给出了 QC/T 1128—2019 标准设定的车规级摄像头参考指标。

QC/T 1128—2019

帧率	≥25fps	光轴中心精度	0°±2°
解像力（2MP） MTF50P	中心≥800lw/ph 0.7F≥560lw/ph	工作环境温度	−40～85℃
防护等级	IP6K7/IP6K9K(舱外) IP6K4（舱内）	高低照度测试	2 lux 100000 lux
启动时间	≤1s	系统延时	≤100ms
防磁	抵抗车辆起动时产生 的电磁脉冲	抗振	在颠簸路况正常工作

图 2-16　QC/T 1128—2019 标准设定的车规级摄像头参考指标

摄像头标定

摄像头标定是感知系统中的必要环节，是 2D 图像信息到 3D 空间信息转换的必要条件，也是后续感知后处理、传感器融合的必要条件和基础。当摄像头被安装到自动驾驶汽车上后，受生产和装配工艺的影响，我们需要对其进行精确标定。同时，车辆行驶过程中由于震动等因素，传感器位置可能会发生偏离，因此我们有必要定期对摄像头进行校准，以保证其准确性。本章首先对摄像头成像模型和摄像头标定的基础概念进行介绍，然后对科研和量产中常用的摄像头标定方法进行介绍。

3.1 摄像头标定数学知识

摄像头标定的本质其实是摄像头系统中各种坐标系之间的转换。这些转换包括旋转、平移、角度变换等几何变换。这里对摄像头标定相关的基础知识做简单介绍。

3.1.1 外积

外积就是两个向量的向量积，公式如下：

$$\boldsymbol{a} \times \boldsymbol{b} = \begin{pmatrix} i & j & k \\ a_1 & a_2 & a_3 \\ b_1 & b_2 & b_3 \end{pmatrix} = \begin{pmatrix} a_2 b_3 - a_3 b_2 \\ a_3 b_1 - a_1 b_3 \\ a_1 b_2 - a_2 b_1 \end{pmatrix}$$

在摄像头标定中，可以使用外积进行坐标系转换，如图 3-1 所示。

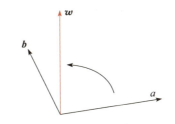

图 3-1　利用外积进行坐标系转换

3.1.2　欧氏变换

在自动驾驶车辆中，可能会装配多个摄像头，每个摄像头都有各自独立的坐标系。由于不同摄像头对同一目标的测量结果有所不同，所以我们需要将这些摄像头的测量结果统一到同一坐标系下，以便进行准确的数据融合和分析。这个统一的参考坐标系通常被称为"车体坐标系"。如图 3-2 所示，假设 w 代表车体坐标系，c 表示摄像头坐标系，定义 x_w、y_w、z_w 为车体坐标系的 3 个坐标轴，x_c、y_c、z_c 为摄像头坐标系的 3 个坐标轴，在摄像头视野中的某个点 P 的摄像头坐标系下的坐标表示为 p_{cpc}，该点在车体坐标系下坐标表示为 p_{wpw}。由于该点在摄像头坐标系和车体坐标系下的长度以及夹角不会发生变化，因此该点从摄像头坐标系到车体坐标系的变换可以看作一种刚性运动。两个坐标系之间的变换关系由变换矩阵 T 来表示，这种变换可以称为"欧氏变换"。

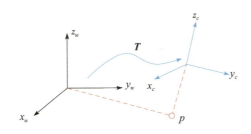

图 3-2　不同坐标系之间相互对应关系

欧氏变换操作包括旋转和平移，图像坐标系到摄像头坐标系的转换也是一种欧氏变换。

3.1.3 旋转矩阵与旋转向量

假设单位正交基 (e_1, e_2, e_3) 经过一次旋转变成 (e_1', e_2', e_3')，对于同一个向量 $\boldsymbol{a}$，它在两个坐标系下的坐标分别为 $(a_1 \quad a_2 \quad a_3)$ 和 $(a_1' \quad a_2' \quad a_3')$，所以有：

$$(e_1, e_2, e_3)\begin{pmatrix} a_1 \\ a_2 \\ a_3 \end{pmatrix} = (e_1', e_2', e_3')\begin{pmatrix} a_1' \\ a_2' \\ a_3' \end{pmatrix}$$

为描述两个坐标系之间的关系，对等式左右同时乘以 $(e_1^{\mathrm{T}}, e_2^{\mathrm{T}}, e_3^{\mathrm{T}})$，等式左边系数变为单位矩阵，右边系数则变成由两组标准正交基内积组成的矩阵：

$$\begin{pmatrix} a_1 \\ a_2 \\ a_3 \end{pmatrix} = \begin{pmatrix} e_1^{\mathrm{T}}e_1' & e_1^{\mathrm{T}}e_2' & e_1^{\mathrm{T}}e_3' \\ e_2^{\mathrm{T}}e_1' & e_2^{\mathrm{T}}e_2' & e_2^{\mathrm{T}}e_3' \\ e_3^{\mathrm{T}}e_1' & e_3^{\mathrm{T}}e_2' & e_3^{\mathrm{T}}e_3' \end{pmatrix} \begin{pmatrix} a_1' \\ a_2' \\ a_3' \end{pmatrix} \triangleq \boldsymbol{R}\boldsymbol{a}'$$

其中，$\boldsymbol{R}$ 为旋转矩阵。由上式可知，$\boldsymbol{R}$ 是一个正交矩阵，即

$$\boldsymbol{a}' = \boldsymbol{R}^{-1}\boldsymbol{a} = \boldsymbol{R}^{\mathrm{T}}\boldsymbol{a}$$

所以，欧氏变换可以表示为

$$\boldsymbol{a}' = \boldsymbol{R}\boldsymbol{a} + \boldsymbol{t}$$

由于 $\boldsymbol{R}$ 是正交矩阵，这会加大优化旋转矩阵的难度。因为外积可以表达向量的旋转，所以选择方向与旋转轴方向一致且长度等于旋转角的向量来描述这种旋转，这样的向量称为"旋转向量"。由于旋转向量使用 3 个分量来表示绕 3 个正交轴的旋转，那么一个坐标系的旋转可以由一个旋转向量和一个旋转角度来表示，如下式：

$$\boldsymbol{R} = \cos\theta\boldsymbol{I} + (1-\cos\theta)\boldsymbol{n}\boldsymbol{n}^{\mathrm{T}} + \sin\theta\boldsymbol{n}\hat{}$$

其中，$\boldsymbol{n}$ 为旋转向量，θ 为旋转角度。那么，通过旋转矩阵计算得到旋转向量的转换公式为

$$\theta = \arccos\left(\frac{\mathrm{tr}(\boldsymbol{R})-1}{2}\right)$$

3.1.4　变换矩阵和齐次坐标

虽然 $b = Ra + t$ 可以完整地描述一次欧氏变换，但当进行两次变换时，就会出现

$$b = R_1 a + t_1$$
$$c = R_2 b + t_2$$

用 a 来描述 c，则有

$$c = R_2(R_1 a + t_1) + t_2$$

为了简化计算复杂度，引入齐次坐标和变换矩阵，有

$$\begin{pmatrix} a' \\ 1 \end{pmatrix} = \begin{pmatrix} R & t \\ 0^T & 1 \end{pmatrix} \begin{pmatrix} a \\ 1 \end{pmatrix} \triangleq T \begin{pmatrix} a \\ 1 \end{pmatrix}$$

在三维向量中增加一个额外的维度以变成四维向量，这样的表示被称为"齐次坐标"；把旋转和平移整合到同一个矩阵中进行表达，这个矩阵则被称为"变换矩阵"。

齐次坐标有如下特点。

1）通过在三维向量的表示中添加一维额外的维度，用 4 个数表示一个三维向量，这样引入了一个额外的自由度，使得线性变换可以更加方便的表达。

2）齐次坐标中的每个分量同时乘以一个非零常数后，所得到的新坐标仍然表示同一个点，所以对于给定的点，存在多个不同的齐次坐标表示。

3）当进行齐次坐标之间的运算时，得到的结果仍然是齐次坐标。将齐次坐标转换为非齐次坐标的方法是将齐次坐标中所有的坐标分量除以该齐次坐标中的最后一个分量，从而确保得到的齐次坐标中最后一个分量为 1。忽略最后一个分量后，即可得到欧氏空间中的非齐次坐标。

变换矩阵的特点如下。

1）变换矩阵左上角为旋转矩阵，右上角为平移向量，左下角为 0 向量，右下角为 1。

2）变换矩阵的逆表示一个反向的变换。

通过引入齐次坐标和旋转矩阵，可以大大简化欧氏变换的计算：

$$\widetilde{b}=T_1\widetilde{a}, \quad \widetilde{c}=T_2\widetilde{b}\Rightarrow\widetilde{c}=T_2T_1\widetilde{a}$$

3.1.5 欧拉角

除了旋转矩阵和旋转向量，还可以使用欧拉角来直观表示旋转。欧拉角使用 3 个独立分离的转角来表述旋转，包括绕 Z 轴旋转的偏航角 yaw，绕 Y 轴旋转的俯仰角 pitch，绕 X 轴旋转的滚转角 roll。

可以通过（roll，pitch，yaw）^{T} 类似的三维向量来描述任意旋转。但当使用欧拉角的时候一定会遇到著名的万向锁问题，即当俯仰角 pitch 为 ±90° 时，第三次旋转将会与第一次旋转使用同一个轴，这样会使系统丢失 1 个自由度，如图 3-3 所示。所以，欧拉角不适用于插值和迭代，也很少用于 SLAM 程序。通常情况下，欧拉角往往只用于人机交互中，方便直观理解。

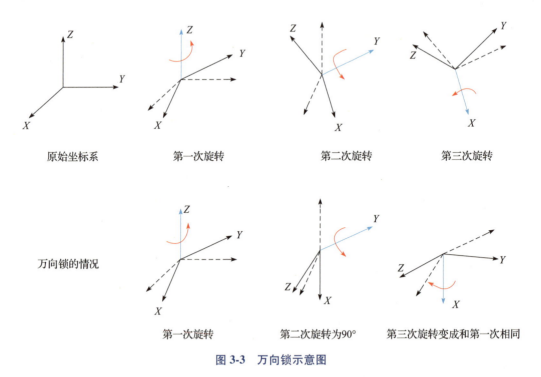

图 3-3 万向锁示意图

3.1.6　四元数

四元数是一种扩展复数，在表示旋转时具有紧凑性，主要用来处理三维空间中描述旋转时的奇异性问题，如上面提到的 pitch 为 90°时的情况。一个四元数 q 包含 1 个实部和 3 个虚部，可以表示为 $q = q_0 + q_1 i + q_2 j + q_3 k$，其中 i、j、k 为 3 个虚部，且满足如下关系式：

$$\begin{cases} i^2 = j^2 = k^2 = -1 \\ ij = k, ji = -k \\ jk = i, kj = -i \\ ki = j, ik = -j \end{cases}$$

也可通过一个标量和一个向量来表示四元数：

$$q = [s, v]$$
$$s = q_0 \in \mathbf{R}$$
$$v = (q_1, q_2, q_3)^{\mathrm{T}} \in \mathbf{R}^3$$

其中，s 为实部；v 为虚部。当虚部为 0 时，q 为实四元数；当实部为 0 时，q 为虚四元数。虚四元数可以表示三维空间中的一个点。

四元数和旋转向量之间的转换关系表示为

$$q = \left(\cos \frac{\theta}{2}, n_x \sin \frac{\theta}{2}, n_y \sin \frac{\theta}{2}, n_z \sin \frac{\theta}{2} \right)^{\mathrm{T}}$$

又

$$\begin{cases} \theta = 2\arccos q_0 \\ (n_x, n_y, n_z)^{\mathrm{T}} = (q_1, q_2, q_3)^{\mathrm{T}} / \sin \frac{\theta}{2} \end{cases}$$

所以，四元数与旋转向量之间的关系可以表示为

$$R = \begin{pmatrix} 1-2q_2^2-2q_3^2 & 2q_1q_2+2q_0q_3 & 2q_1q_3-2q_0q_2 \\ 2q_1q_2-2q_0q_3 & 1-2q_1^2-2q_3^2 & 2q_2q_3+2q_0q_1 \\ 2q_1q_3+2q_0q_2 & 2q_2q_3-2q_0q_1 & 1-2q_1^2-2q_2^2 \end{pmatrix}$$

3.2 坐标系概述

在自动驾驶汽车摄像头标定过程中，往往需要处理不同坐标系之间的转换问题，这些坐标系主要包括世界坐标系（通常也指车体坐标系）、摄像头坐标系、图像坐标系、像素坐标系。图 3-4 展示了除像素坐标系外的其他 3 个坐标系。

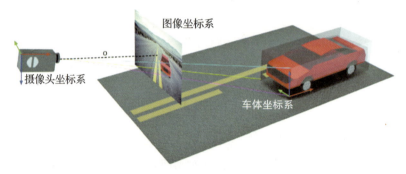

图 3-4　各坐标系（除像素坐标系）示意图

1）**世界坐标系**：用来描述空间中任何物体的位置，在车载视觉感知中，一般选择以车辆后轴中心为原点的车体坐标系为世界坐标系。

2）**摄像头坐标系**：以摄像头焦点为原点，以光轴为 Z 轴的三维直角坐标系。

3）**图像坐标系**：以图像中心点为原点的二维直角坐标系，其中 x 轴、y 轴分别平行于像面的两边，单位为 mm。

4）**像素坐标系**：是一个二维直角坐标系，反映了摄像头 CMOS 芯片中像素的排列情况，单位为像素，像素坐标系的原点位于图像的左上角，u 轴、v 轴分别平行于像面的两边。

3.2.1 世界坐标系到摄像头坐标系的转换

由于摄像头坐标系和世界坐标系均是三维直角坐标系，所以两个坐标系之间的转换只需要先平移，后旋转即可完成，即

$$\begin{pmatrix} x_c \\ y_c \\ z_c \end{pmatrix} = \begin{pmatrix} \boldsymbol{R} & \boldsymbol{t} \\ 0 & 1 \end{pmatrix} \begin{pmatrix} x_w \\ y_w \\ z_w \end{pmatrix}$$

其中，$\boldsymbol{R}$ 为绕各个轴旋转的旋转矩阵，$\boldsymbol{t}$ 为平移矩阵。

3.2.2　摄像头坐标系到图像坐标系的转换

假设在摄像头坐标系下有一个点 P，坐标表示为 (X_c, Y_c, Z_c)，$p(x, y)$ 为该点在图像坐标系下对应的投影，示意图如图 3-5 所示。

利用各个坐标之间的相似三角形关系，有

$$\Delta ABO_c \sim \Delta oCO_c$$
$$\Delta PBO_c \sim \Delta pCO_c$$

那么，

$$\frac{AB}{oC} = \frac{AO_c}{oO_c} = \frac{PB}{pC} = \frac{X_c}{x} = \frac{Z_c}{f} = \frac{Y_c}{y}$$

所以，

$$x = f\frac{X_c}{Z_c}$$

$$y = f\frac{Y_c}{Z_c}$$

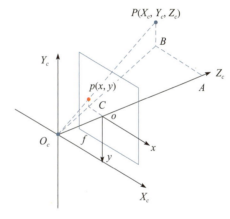

图 3-5　摄像头坐标系与图像坐标系的
对应关系示意图

因此，摄像头坐标系与图像坐标系之间的关系可以表示为

$$Z_c \begin{pmatrix} x \\ y \\ 1 \end{pmatrix} = \begin{pmatrix} f & 0 & 0 & 0 \\ 0 & f & 0 & 0 \\ 0 & 0 & 1 & 0 \end{pmatrix} \begin{pmatrix} X_c \\ Y_c \\ Z_c \\ 1 \end{pmatrix}$$

3.2.3 图像坐标系到像素坐标系的转换

图 3-6 展示了像素坐标系与图像坐标系的对应关系。由于图像坐标系和像素坐标系仅在单位和坐标原点上有所不同，因此两个坐标系之间的转换可以通过缩放和平移来完成：

$$\begin{cases} u = \dfrac{x}{dx} + u_0 \\[2mm] v = \dfrac{y}{dy} + v_0 \end{cases}$$

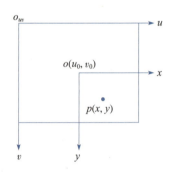

这里的 dx、dy 是 x 轴与 y 轴对应的缩放系数，表示每个像素在 x 轴 y 轴方向上的物理尺寸，u_0、v_0 是对应的平移系数。

图 3-6 像素坐标系与图像坐标系的对应关系

图像坐标系到像素坐标系的转换可以表示为

$$\begin{pmatrix} u \\ v \\ 1 \end{pmatrix} = \begin{pmatrix} \dfrac{1}{dx} & 0 & u_0 \\[2mm] 0 & \dfrac{1}{dy} & v_0 \\[2mm] 0 & 0 & 1 \end{pmatrix} \begin{pmatrix} x \\ y \\ 1 \end{pmatrix}$$

所以，从世界坐标系到像素坐标系的转换可以表示为

$$Z_c \begin{pmatrix} u \\ v \\ 1 \end{pmatrix} = \begin{pmatrix} \dfrac{1}{dx} & 0 & u_0 \\[2mm] 0 & \dfrac{1}{dy} & v_0 \\[2mm] 0 & 0 & 1 \end{pmatrix} \begin{pmatrix} f & 0 & 0 & 0 \\ 0 & f & 0 & 0 \\ 0 & 0 & 1 & 0 \end{pmatrix} \begin{pmatrix} R & t \\ 0 & 1 \end{pmatrix} \begin{pmatrix} X_w \\ Y_w \\ Z_w \\ 1 \end{pmatrix}$$

$$= \underbrace{\begin{pmatrix} f_x & 0 & u_0 & 0 \\ 0 & f_y & v_0 & 0 \\ 0 & 0 & 1 & 0 \end{pmatrix}}_{\text{摄像头内参矩阵}} \underbrace{\begin{pmatrix} \boldsymbol{R} & \boldsymbol{t} \\ 0 & 1 \end{pmatrix}}_{\text{摄像头外参矩阵}} \begin{pmatrix} X_w \\ Y_w \\ Z_w \\ 1 \end{pmatrix}$$

在上式中，一般将 $\begin{pmatrix} f_x & 0 & u_0 & 0 \\ 0 & f_y & v_0 & 0 \\ 0 & 0 & 1 & 0 \end{pmatrix}$ 定义为摄像头的内参矩阵。通常，摄像头的内参信

息在出厂后是固定的，在使用过程中不会发生变化。有些摄像头生产厂商会将内参信息写到摄像头寄存器中，有时候需要用户自己来确定摄像头内参信息，即所谓的"标定"。

将 $\begin{pmatrix} \boldsymbol{R} & \boldsymbol{t} \\ 0 & 1 \end{pmatrix}$ 记为摄像头的外参矩阵，用于描述摄像头在世界坐标系下的位姿，其中 $\boldsymbol{R}$

为旋转矩阵，$\boldsymbol{t}$ 为平移矩阵。相比于内参矩阵，外参矩阵会随着摄像头的运动而会发生改变。

3.3　摄像头成像模型

摄像头成像模型是对光学成像模型的一种简化，代表了从真实三维世界到二维图像平面的几何映射关系。在实际生活中，成像系统是基于透镜的非线性成像模型进行图像捕捉的，透镜成像原理示意图如图 3-7 所示。

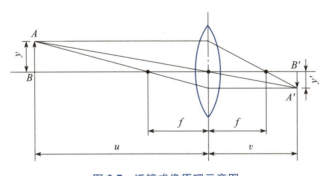

图 3-7　透镜成像原理示意图

其中，u 为物距，f 为焦距，v 为相距。三者满足如下关系：

$$\frac{1}{f} = \frac{1}{u} + \frac{1}{v}$$

摄像头镜头中的透镜在光线传播和投影过程中会引起畸变。通过摄像头成像模型和畸变模型，我们可以比较准确地描述外部三维空间点到摄像头内部成像平面的投影过程。摄

像头成像模型和畸变模型构成了摄像头的内参。

3.3.1 针孔摄像头成像模型

图 3-8 所示小孔成像模型其实是一个最常用的摄像头成像模型——针孔摄像头成像模型。该模型基于典型的相似三角形原理进行计算，如图 3-9 所示。

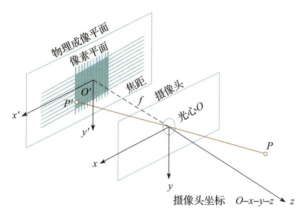

图 3-8　小孔成像模型示意图

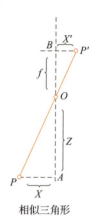

图 3-9　相似三角形原理图

假设 P 的坐标为 $(X, Y, Z)^{\mathrm{T}}$，P' 的坐标为 $(X', Y', Z')^{\mathrm{T}}$，已知焦距 f（物理成像平面到小孔的距离），根据三角形相似关系，则有

$$\frac{Z}{f} = -\frac{X}{X'} = -\frac{Y}{Y'}$$

其中，负号表示成像为倒立的。为了简化该模型并去除负号，这里将成像平面对称地翻转到摄像头前方，使其与三维空间点一起放在摄像头坐标系的同一侧（见图 3-10），可得

$$\frac{Z}{f} = \frac{X}{X'} = \frac{Y}{Y'}$$

所以有

$$X' = f\frac{X}{Z}$$

$$Y' = f\frac{Y}{Z}$$

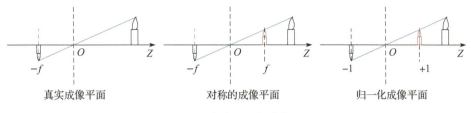

图 3-10 真实平面与成像平面

镜头的折射和生产工艺可能会导致光线透过镜头投射到成像平面上成像点的位置与理想位置存在偏差,这种现象被称为"摄像头成像畸变"。

摄像头成像畸变主要分为径向畸变和切向畸变两种类型。径向畸变是由镜头光学元件形状引起的,光线在远离透镜中心的区域比靠近中心的区域更加弯曲。由于镜片的制造过程往往是以中心对称进行的,由此产生的畸变通常具有径向对称的性质。径向畸变进一步又可以分为桶形畸变和枕形畸变两大类。图 3-11a 展示了正常没有畸变的图像,图 3-11b 展示了桶形畸变的图像,图 3-11c 展示了枕形畸变的图像。除了桶形畸变和枕形畸变外,还有一种不常用的须形畸变。须形畸变是桶形畸变和枕形畸变混合产生的结果,图像中心处接近桶形畸变,但由中心向边缘逐渐过渡到枕形畸变。图 3-12 给出了不同畸变的成像效果。

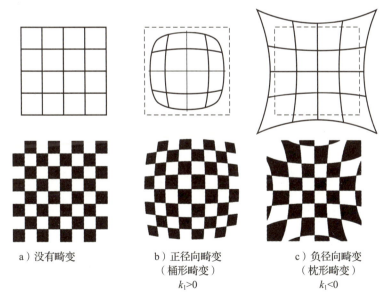

a) 没有畸变

b) 正径向畸变
(桶形畸变)
$k_1 > 0$

c) 负径向畸变
(枕形畸变)
$k_1 < 0$

图 3-11 径向畸变的两种类型示意图

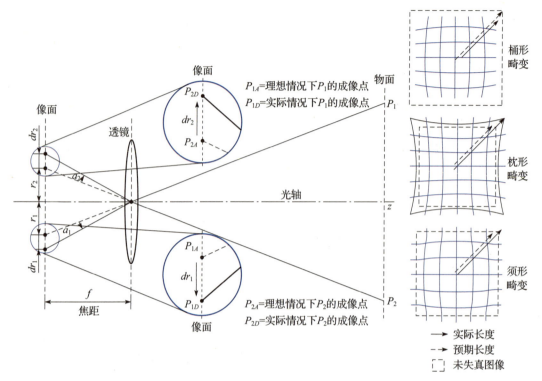

图 3-12 不同畸变的成像效果

除了透镜形状引入的径向畸变外，安装工艺导致镜头不完全平行于成像平面，这种安装偏差产生的图像中心偏移被称为"切向畸变"，如图 3-13 所示。

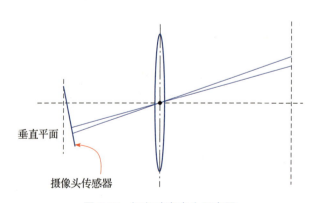

图 3-13 切向畸变产生示意图

为更好地理解径向畸变和切向畸变，我们采用严格的数学公式对这两种畸变进行描述。假设平面上的任意一点 p 可以用笛卡儿坐标表示为 $(X,Y)^{\mathrm{T}}$，该点也可以描述成极坐标的形式 $(r,\theta)^{\mathrm{T}}$，其中，r 为点 p 离坐标系原点的距离，θ 为该点与原点的连线和水平轴之间的夹角。径向畸变可以理解为坐标点沿着从原点向外的径向距离 r 发生了变化，即该点到原点的距离发生了变化。切向畸变则可以看成坐标点沿其所在的圆的切线方向发生了变化，也就是与水平轴的夹角 θ 发生了变化。

对于径向畸变，无论桶形畸变还是枕形畸变，它们都是随着离中心的距离增加而变形增加。这种现象可以采用一个多项式函数来描述，它反映了畸变前后坐标的变化关系。具体来说，这种畸变可以用与中心距离有关的二次或更高次的多项式函数进行矫正：

$$x_{\text{corrected}} = x(1 + k_1 r^2 + k_2 r^4 + k_3 r^6)$$

$$y_{\text{corrected}} = y(1 + k_1 r^2 + k_2 r^4 + k_3 r^6)$$

其中，$(x,y)^{\mathrm{T}}$ 是未矫正点的坐标，$(x_{\text{corrected}}, y_{\text{corrected}})^{\mathrm{T}}$ 是去畸变后点的坐标，它们是归一化平面上的点，而不是像素平面上的点。在上式中，对于畸变较小的图像中心区域，径向畸变矫正主要是 k_1 起作用；对于畸变较大的边缘区域，主要是 k_2 起作用。一般来说，使用 k_1、k_2 就能够很好地矫正径向畸变。像鱼眼镜头这种畸变更加明显的镜头，可以加入 k_3 对畸变进行矫正。

对于切向畸变，可以使用另外两个参数 p_1、p_2 进行矫正：

$$x_{\text{corrected}} = x + 2p_1 xy + p_2(r^2 + 2x^2)$$

$$y_{\text{corrected}} = y + p_1(r^2 + 2y^2) + 2p_2 xy$$

所以，对于摄像头坐标系中的任意一点 $P(X,Y,Z)$，我们可以通过这 5 个畸变系数来找到该点在像素平面上的位置，具体如下。

1）将三维空间点投影到归一化图像平面，假设归一化后的坐标为 $(x,y)^{\mathrm{T}}$。

2）将归一化图像平面上的点进行径向畸变和切向畸变矫正：

$$\begin{cases} x_{\text{corrected}} = x(1 + k_1 r^2 + k_2 r^4 + k_3 r^6) + 2p_1 xy + p_2(r^2 + 2x^2) \\ y_{\text{corrected}} = y(1 + k_1 r^2 + k_2 r^4 + k_3 r^6) + p_1(r^2 + 2y^2) + 2p_2 xy \end{cases}$$

3) 将矫正后的点通过内参矩阵投影到像素平面，得到该点在图像上的正确位置：

$$\begin{cases} u = f_x x_{\text{corrected}} + c_x \\ v = f_y y_{\text{corrected}} + c_y \end{cases}$$

上面矫正畸变共使用了 5 个畸变项。在实际应用中，我们可以灵活选择矫正模型，如只选择 k_1、p_1、p_2 这 3 项等。

畸变去除前后的效果如图 3-14 所示。

a）畸变去除前　　　　　　　　　　　　　　b）畸变去除后

图 3-14　畸变去除前后的效果

3.3.2　鱼眼摄像头成像模型

鱼眼摄像头成像模型也是常见的一种摄像头成像模型，主要用于泊车、安防等领域，具有独特的特性，具体如下。

1) 视角大，一般鱼眼摄像头的 FOV 都大于 180°，有的甚至可以达到 360°。

2) 受抖动影响小，快速运动时图像不会模糊。

3) 对光线不很敏感，在地库、低光线下可以使用。

鱼眼摄像头的畸变主要由摄像头镜头的设计造成的，其成像效果如图 3-15 所示。图 3-16 展示了传统针孔摄像头与鱼眼摄像头成像原理。

由于鱼眼摄像头的成像过程相对复杂，为了简化分析，先将鱼眼镜头简化成一个球面，如图 3-17 所示。假设世界坐标系中有一个点 P，其入射角度为 θ，如果按照针孔摄像头成像模型，入射光线 PO_1 经过镜头后不会改变传播路线，此时 P、O_1、p' 三点共线，p'

为 P 对应的像点；但对于鱼眼摄像头，由于入射光线 PO_1 经过镜头后发生折射，P 实际的像点偏移后为 p 点［该点的极坐标表示为 (r, φ)］。

图 3-15　鱼眼摄像头的成像效果

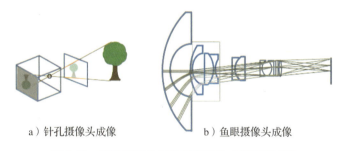

a）针孔摄像头成像　　　　　　b）鱼眼摄像头成像

图 3-16　针孔摄像头与鱼眼摄像头成像原理对比

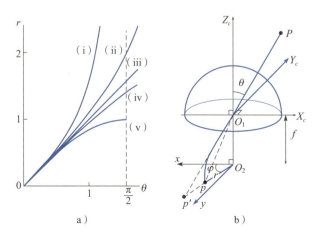

图 3-17　鱼眼摄像头成像设计模型以及成像示意图

为了将尽可能大的场景投影到有限的图像平面内，Sami. S. Brandt 在 "A Generic Camera Model and Calibration Method for Conventional，Wide-Angle and Fish-Eye Lenses" 文章中提出了鱼眼摄像头成像设计，如图 3-17 所示。

根据投影函数的不同，鱼眼摄像头的设计模型大致被分为 5 种：透视投影（即针孔摄像头成像模型）、体视投影、等距投影、等积投影、正交投影，如表 3-1 所示。

表 3-1　鱼眼摄像头成像模型投影函数一览表

投影模型	投影函数	特征
透视投影	$r=f\tan\theta$	针孔摄像头成像模型
体视投影	$r=2f\tan\dfrac{\theta}{2}$	任何直线相交的角度，在变换后保持不变
等距投影	$r=f\theta$	物体成像面上距离图像中心的距离与入射角成正比
等积投影	$r=2f\sin\dfrac{\theta}{2}$	变换前后物体所占立体角大小不变
正交投影	$r=f\sin\theta$	投影畸变最大，且最大视场角不能大于 180°

常用的鱼眼摄像头成像模型为等距模型。但实际应用中的鱼眼摄像头成像模型由于制造公差、光学设计等因素，并不完全符合等距投影模型。为了方便鱼眼摄像头的标定，一般取 r 关于 θ 泰勒展开式的前 5 项来近似描述鱼眼摄像头的实际投影函数：

$$r(\theta)=f\theta\approx k_0\theta+k_1\theta^3+k_2\theta^5+k_3\theta^7+k_4\theta^9$$

其中，θ 为入射光线 PO_1 和光轴的夹角，即入射角；r 为摄像头空间任一点 P 在摄像头成像平面的像点 p 距离光心的距离 $|O_2p|$；k_0 为经验值，$k_0=1$；$k_1\sim k_4$ 为畸变参数，由标定结果提供。

3.4　摄像头标定方法

摄像头标定方法有很多种，可以分为基于标定间的标定法和在线标定法两大类。

基于标定间的标定法是在特定的标定间布置一定数量的标定参照物（简称"标靶"），通过测量标靶关键点的图像信息以及对应的空间信息，求解出摄像头的内外参。这里的标靶包括但不限于棋盘格（见图 3-18）、AprilTag（见图 3-19）等。基于标定间的标定法都是基于张正友标定法进行标定的。

图 3-18　棋盘格标定板

图 3-19　AprilTag 标靶标定板

在线标定法指的是在车辆运行过程中实时进行的一种标定方法。它通过摄像头实时观察到的数据，结合传感器与车辆底盘、多个传感器之间的观测，动态地对外参进行修正。在线标定过程中使用的数据可以是通过语义分割、目标检测、特征检测等多种方法得到的特征数据。

3.4.1　张正友标定法

在摄像头标定中，张正友标定法是应用最广泛的一种方法。该方法主要是利用棋盘格标定板进行标定的。在标定过程中，将世界坐标系固定在棋盘格上，由于棋盘上每个格子的大小都是预先定义好的，我们可以准确地计算出棋盘格每一个角点在世界坐标系下的坐标。所以，这种方法也被称为"棋盘格标定法"。

当摄像头对标定板进行拍摄时，通过特定的图像检测算法来检测并获得棋盘格中每个角点在像素坐标系下的坐标，进而求解出摄像头的内外参矩阵和畸变系数。获取的匹配点数越多，标定结果越鲁棒。图 3-20 展示了单应矩阵的转换关系，也是求解摄像头内外参的示意图。

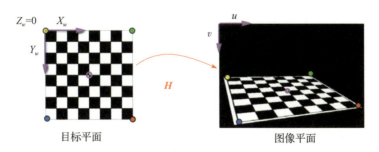

图 3-20　单应矩阵转换关系

值得注意的是，张正友标定法只考虑了径向畸变，没有考虑切向畸变。

OpenCV 提供了相关的函数库，下面给出求解摄像头参数的代码：

```
1.  import cv2
2.  import numpy as np
3.  from glob import glob
4.  import matplotlib.pyplot as plt
5.
6.  def show_img():
7.      for i, image_path in enumerate(glob('board_images/*g')):
8.          img = cv2.imread(image_path)
9.
10.         plt.subplot(2, 2, i + 1)
11.         plt.imshow(img)
12.
13.     plt.tight_layout()
14.     plt.show()
15.
16. def get_corners():
17.     # 指定棋盘上所有角点的世界坐标(x,y,z)，如(0,0,0), (1,0,0), (2,0,0) …,(6,5,0)
18.     obj_point = np.zeros((6 * 9, 3), np.float32)
19.     obj_point[:, :2] = np.mgrid[0:9, 0:6].T.reshape(-1, 2)
20.
21.     word_points = []
22.     img_points = []
23.
24.     # 图像大小
25.     h, w = 0, 0
26.
27.     for i, image_path in enumerate(glob('board_images/*g')):
28.         img = cv2.imread(image_path)
29.         h, w, _ = img.shape
30.         gray = cv2.cvtColor(img, cv2.COLOR_BGR2GRAY)
31.         # 寻找角点
32.         ret, corners = cv2.findChessboardCorners(gray, (9, 6), None)
33.         if ret:
34.             word_points.append(obj_point)
35.             img_points.append(corners)
36.             # 可视化
37.             cv2.drawChessboardCorners(img, (9, 6), corners, ret)
38.             plt.subplot(2, 2, i + 1)
39.             plt.imshow(img)
40.
```

```
41.      plt.tight_layout()
42.      plt.show()
43.      return np.array(word_points), np.array(img_points), (w, h)
44.
45.  if __name__ == '__main__':
46.      # show_img()
47.
48.      # 获取角点
49.      word_points, img_points, img_size = get_corners()
50.      # 基于角点的世界坐标和图像坐标来求解单应矩阵
51.      ret, mtx, dist, rvecs, tvecs = cv2.calibrateCamera(word_points, img_points,
             img_size, None, None)
52.      if ret:
53.          print('fx: {}, fy: {}, cx: {}, cy: {}'.format(mtx[0][0], mtx[1][1], mtx[0][2],
                 mtx[1][2]))
54.
55.      # 畸变矫正
56.      # img = None
57.      # dst_img = cv2.undistort(img, mtx, dist, None, mtx)
58.      # 3D->2D 投影误差计算
59.      for i in range(len(word_points)):
60.          re_project_img_points = cv2.projectPoints(word_points[i], rvecs[i],
                 tvecs[i], mtx, dist)
61.          err = np.linalg.norm(img_points[i] - re_project_img_points[0])
62.          print('project {} error: {}'.format(i, err))
63.
64.      # 获得单应矩阵 H
65.      word_points = word_points.reshape(-1, 3)
66.      img_points = img_points.reshape(-1, 2)
67.      H, _ = cv2.findHomography(word_points, img_points)
68.      print(H)
69.      test_word_p = np.array([5, 5, 0]).reshape(3, 1)
70.      print(H.dot(test_word_p))
```

3.4.2　产线 EoL 标定法

产线 EoL（End of Line）标定是车辆生产的一个必要工序，通过使用诊断设备触发标定程序，以完成域控制器内部参数的初始化和传感器外参的精确标定。产线 EoL 标定可以保证传感器安装角度的误差符合生产工艺标准。

图 3-21、图 3-22 为某产线 EoL 标定过程中车辆前后摄像头标定的俯视和侧视图。

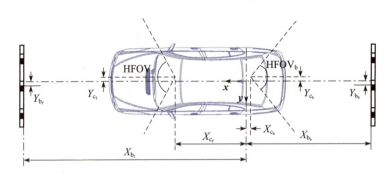

图 3-21 车辆前后摄像头标定俯视图

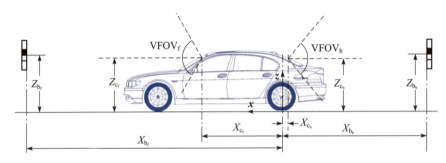

图 3-22 车辆前后摄像头标定侧视图

产线 EoL 标定涉及链路复杂，需要连接诊断仪以启动标定软件。该标定软件通过 UDS（Unified Diagnostic Services，统一诊断服务）协议来完成标定条件检查、标定程序启动、标定结果获取等操作。此外，它还需要对反馈的标定结果、标定精度、标定时间等信息进行显示和记录。整个产线 EoL 标定过程涉及模块众多，包括 MCU 状态机、SoC 感知软件、应用软件等。产线 EoL 标定的整体流程如图 3-23 所示。

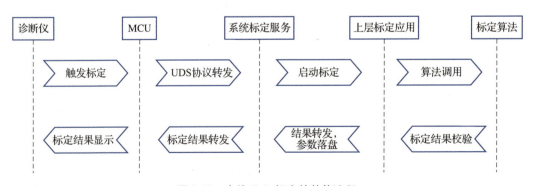

图 3-23 产线 EoL 标定的整体流程

产线 EoL 标定高度依赖 OEM 工程标定间的设计和设备状态，如标定间运行状态、标定间设备的精度等，有些 OEM 还需要产线 EoL 标定间适配多个车型等，所以在标定算法上，产线 EoL 标定软件需要进行兼容性设计。图 3-24 展示了一个比较简单实用的标定间。

图 3-24 标定间标靶示意图

对于摄像头传感器，产线 EoL 标定算法的原理基本上是相似的。首先通过定位设备将车辆摆在标定间的正确位置，然后通过摄像头检测到标志物（如 ArUco 或棋盘格等），并提取图像中的角点像素信息，再结合已知的摄像头内参以及角点在车体坐标系中的坐标，通过 3D-2D 姿态求解算法计算摄像头坐标系与车体坐标系下的相对位姿。

3.4.3 售后标定法

售后标定指的是车辆在保养或者返修过程中，涉及更换域控制器、调整或者更换传感器等操作，需要对传感器安装角度进行校验，以达到重新标定传感器参数，以及对软硬件功能进行初步诊断的目的。售后标定的特点与产线 EoL 标定的特点类似。

售后标定可以分为基于标定间标定和基于道路标定。基于标定间标定与产线 EoL 标定流程类似，对标定间的平整度以及标靶的安装有一定的精度要求。而基于道路标定对道路场景有一定的限制，需要在较为空旷和结构化（多车道要求）的场景下进行；同时为了保证标定效率也对标定时间做了限制，限定时长一般为 10min，若标定无法在标准时间内完成或达到收敛，可能会影响使用体验。

基于道路标定的要求如下。

1）选择的标定路段需要包含一段完整的四线三车道的平直道路。

2）车辆在四线三车道路段行驶过程中，需要行驶在中间车道。两侧的车道尽量保持为单线，并保证在行驶过程中车道线无遮挡，如图3-25所示。

3）需要确保车道线清晰可见，且不存在旧的或未擦除的车道线。

4）尽量避免在黄昏、傍晚等光线较弱的时候进行动态标定。

5）需要避开雨雪天气，以防道路积水或积雪对车道线的影响。

6）车速应保持在30~60km/h。

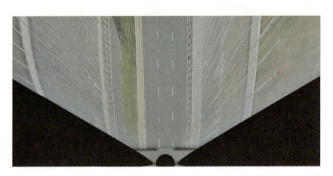

图3-25　售后标定所依赖的道路示意图

基于道路标定流程如图3-26所示。

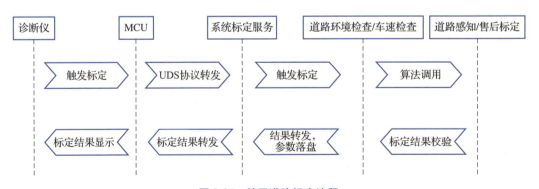

图3-26　基于道路标定流程

3.4.4　行车自标定法

在车辆运行过程中，轮胎气压、司乘人数、道路坡度以及车辆加减速等相关因素均有可能会导致摄像头参数相对于车辆初始外参有所偏差，如图 3-27 所示。所以，我们需要在车辆行驶时对摄像头外参进行实时矫正，以准确计算摄像头坐标系与车体坐标系之间的变换关系。行车自标定整体的流程与基于道路标定的流程类似，只不过不包含相关的诊断流程，如图 3-28 所示。行车自标定也属于行车功能中的一部分。

a）没有pitch角　　　　　　　　　　　b）带有pitch角

图 3-27　地面颠簸对 pitch 角变化影响示意图

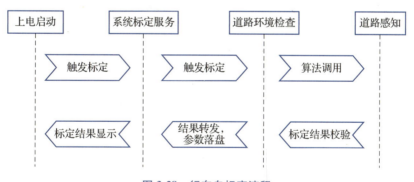

图 3-28　行车自标定流程

3.4.5　消失点标定法

行车自标定和基于道路标定都是利用道路的几何拓扑结构进行摄像头参数的标定，其中利用消失点进行摄像头姿态求解的方法也是一种进行外参矫正的方法。

消失点是真实物理世界中相互平行的两条直线，在摄像头投影图像中汇聚相交的点。图 3-29 展示了消失点的形成原理。图 3-30 展示了在 FV 透视图和 BEV 俯视图下车道线的对应关系。

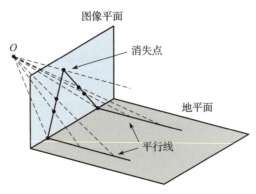

图 3-29　消失点形成原理

FV透视图

BEV俯视图

图 3-30　标定参数校验

消失点与光心的连线与生成该消失点的平面中的线平行。所以，在同一空间，这些平行线对应的消失点与摄像头光心的连线相互垂直，则有

$$p_i = KRX_i$$

$$X_i^T X_j = 0$$

其中，p_i 是消失点对应的像素坐标系下的坐标，K 为内参矩阵，R 为旋转矩阵，X_i 是消失点对应的世界坐标系下的坐标。对应求 3 个参数需要 3 个消失点联立成 3 个方程。在实际车辆运行时，这三个消失点对应 3 个相互正交的不同方向，即 VP1（在车辆运动方向的消失点）、VP2（在地面上垂直于车辆运动方向的消失点）、VP3（垂直于地面方向的消失点）。

对于 VP1 坐标的求解，一般车辆是沿着车道线行驶，所以可以利用车道线求解消失点在像素坐标系下的位置关系，如图 3-31 中两条绿色线相交的红色点（即消失点 VP1）。

关于 VP1 的求解会在后续车道线检测中介绍，这里仅给出最简单的利用 VP1 求解摄像头位姿的代码：

```
1.  #vp 为自定义消失点在成像平面的位置(x',y')
2.  #vpDefault 为根据内外参计算出的消失点在成像平面的位置(x,y)
3.  X_diff = vp[0] - vpDefault[0]
4.  yaw_diff = math.atan(X_diff / CameraMatrix[0, 0]) *180.0 / np.pi
5.  yaw -= yaw_diff
6.
7.  Y_diff = vp[1] - vpDefault[1]
8.  pitch_diff = math.atan(Y_diff / CameraMatrix[1, 1]) *180.0 / np.pi
9.  pitch += pitch_diff
```

图 3-31 消失点示意图

消失点 VP2 坐标的求解一般比较复杂，目标接地线下底边与上边缘在现实世界是平行的，但图像上略微不平行会产生 VP2，如图 3-31 中所示的两条黄色的线的交点（超出图像范围）。对于 VP2 的检测，一般使用菱形空间的概念进行。这涉及对前景对象（如同向行驶的车辆）进行边缘检测并进行级联霍夫变换，根据平行理论求解出目标上下边缘的相交点位置。我们可能会得到多个相交点，一般通过投票法，求解出相对其他点权重值最大的点，即最终的 VP2。

消失点 VP3 坐标的求解比较简单，因为 VP3 与摄像头光心连线是垂直于地面的（即垂直于 VP1 和 VP2 构成的平面），所以根据正交理论可求解出 VP3 坐标。

```
1.  Point3d VP1(vp1.x, vp1.y, focal);
2.  Point3d VP2(vp2.x, vp2.y, focal);
3.  Point3d PP(pp.x, pp.y, 0);
4.  Point3d VP3 = (VP1 - PP).cross(VP2 - PP);
5.  vp3.x = VP3.x / VP3.z*focal+pp.x;
6.  vp3.y = VP3.y / VP3.z*focal+pp.y;
```

其中，PP 为图像坐标系中的任意一点，focal 为焦距。

在实际车辆运行过程中，摄像头相对于地面的 pitch 角与消失点在图像中的位置有着直接关联。当车头扬起时，消失点的行坐标在图像中的位置会向下部移动；当车尾扬起时，消失点的行坐标在图像中的位置会向上部移动。利用这种关系，可以得到 pitch 角的计算公式：$\theta = \tan^{-1}\left(\dfrac{\delta v}{fy}\right)$。

Apollo 中的 pitch 角估计也是利用了类似的方法，这里给出 Apollo 中 pitch 角计算的相关代码。

```
1.  bool LaneBasedCalibrator::
        Process(const EgoLane &lane, const float &velocity,
2.                              const float &yaw_rate,
3.                              const float &time_diff){
4.      float distance_traveled_in_meter = velocity * time_diff;
5.      float vehicle_yaw_changed = yaw_rate * time_diff;
6.
7.      // 检查车辆是否直行
8.      if (!IsTravelingStraight(vehicle_yaw_changed)) {
9.          AINFO << "Do not calibate if not moving straight: "
10.             << "yaw angle changed " << vehicle_yaw_changed;
11.         vp_buffer_.clear();
12.         return false;
13.     }
14.
15.     VanishingPoint vp_cur;
16.     VanishingPoint vp_work;
17.
18.     // 估计当前帧车道线消失点
19.     if (!GetVanishingPoint(lane, &vp_cur)) {
20.         AINFO << "Lane is not valid for calibration.";
21.         return false;
22.     }
23.     vp_cur.distance_traveled = distance_traveled_in_meter;
24.
25.     // 将消失点推送到缓存区
26.     PushVanishingPoint(vp_cur);
27.     if (!PopVanishingPoint(&vp_work)) {
28.         AINFO << "Driving distance is not long enough";
29.         return false;
30.     }
31.
```

```
32.      // 获取俯仰角
33.      pitch_cur_ = 0.0f;
34.      if (!GetPitchFromVanishingPoint(vp_work, &pitch_cur_)) {
35.          AINFO << "Failed to estimate pitch from vanishing point.";
36.          return false;
37.      }
38.      vanishing_row_ = vp_work.pixel_pos[1];
39.
40.      // 使用直方图筛选有效的输出
41.      if (!AddPitchToHistogram(pitch_cur_)) {
42.          AINFO << "Calculated pitch is out-of-range.";
43.          return false;
44.      }
45.
46.      accumulated_straight_driving_in_meter_ += distance_traveled_in_meter;
47.      if (accumulated_straight_driving_in_meter_ >
48.              params_.min_distance_to_update_calibration_in_meter &&
49.          pitch_histogram_.Process()) {
50.          pitch_estimation_ = pitch_histogram_.get_val_estimation();
51.          const float cy = k_mat_[5];
52.          const float fy = k_mat_[4];
53.          vanishing_row_ = tanf(pitch_estimation_) * fy + cy;
54.          accumulated_straight_driving_in_meter_ = 0.0f;
55.          return true;
56.      }
57.      return false;
58. }
```

在直线行驶一段距离后，利用车道线交会得到的消失点进行 pitch 角的计算，同时对当前时刻的 pitch 角进行了直方图滤波：

```
1.   bool LaneBasedCalibrator::
         GetPitchFromVanishingPoint(const VanishingPoint &vp,
                                            float *pitch) const {
2.
3.       assert(pitch != nullptr);
4.       const float cx = k_mat_[2];
5.       const float cy = k_mat_[5];
6.       const float fx = k_mat_[0];
7.       const float fy = k_mat_[4];
8.       float yaw_check = static_cast<float>(atan2(vp.pixel_pos[0] - cx, fx));
9.       if (fabs(yaw_check) > params_.max_allowed_yaw_angle_in_radian) {
10.          return false;
11.      }
12.      *pitch = static_cast<float>(atan2(vp.pixel_pos[1] - cy, fy));
13.      return true;
14. }
```

3.4.6 基于车道线宽度假设标定法

车辆运行过程中，相对地面的姿态（主要是俯仰角，即 pitch 角）可能会发生瞬时变化。这些变化在成像瞬时，同样会影响俯视图中（也就是真实物理环境中）车道边界的平行性，所以可以利用基于车道线宽度假设的标定方法来完成对摄像头姿态的求解。图 3-32 给出真实车道线宽度与 pitch 角的变化影响关系，其中 α 为摄像头的 pitch 角，w_0 为真实的车道线宽度，w_1 为 pitch 角变化计算出的车道线宽度，h 为摄像头安装高度，L 为车道线的长度，所以在某一时刻 k 对应的 pitch 角可以表示为 $\alpha_k = -\dfrac{w_{1,k}-w_{0,k}}{w_{0,k}}\dfrac{h}{L}$。图 3-33 给出了基于车道线宽度假设获取的 BEV 投影结果。

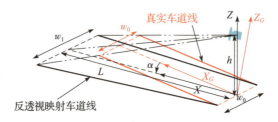

图 3-32　真实车道线宽度与 pitch 角的变化影响关系

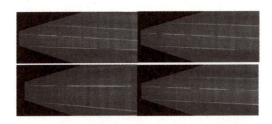

图 3-33　基于车道线宽度假设获取的 BEV 投影结果

第 4 章　*Chapter 4*

车道线检测及后处理

车道线检测和后处理是环境感知中的一个重要应用，目的是通过车载摄像头来检测道路上的车道线，并对检测出的车道线进行曲线拟合以及跟踪。在高级驾驶辅助系统（Advanced Driving Assistance System，ADAS）中，车道线检测扮演着重要的角色，检测结果为后续的规划和决策模块［如车道偏离预警（Lane Departure Warning，LDW）、车道保持辅助（Lane Keeping Assist，LKA）、自适应巡航控制（Adaptive Cruise Control，ACC）等功能模块］提供必要的信息参考。本章首先对车道线检测方法做简单的介绍，然后重点介绍车道线曲线拟合方法及跟踪方法。

4.1　车道线检测

车道线检测方法可以分为两大类：一类是基于传统图像算法的车道线检测方法，另一类是基于深度学习的车道线检测方法。

4.1.1　基于传统图像算法的车道线检测方法

首先利用边缘检测、滤波等方法分割出车道线区域，再结合霍夫变换、直线段检测（Line Segment Detector，LSD）等算法进行车道线检测。基于传统图像算法的车道线检测方法需要根据道路特点手动设计特征，所以当道路环境发生明显变化时，车道线检测效果可能会不佳。主流的基于传统图像算法的车道线检测方法包括基于霍夫变换的车道线检测方法、基于俯视图变换的车道线检测方法、基于拟合的车道线检测方法和基于消失点的车道线检测方法。

1. 基于霍夫变换的车道线检测方法

霍夫变换是将图像的笛卡儿坐标系映射到极坐标系的霍夫空间，实现从点到曲线的转换，图像中每个像素点 $P(x,y)$ 都会被转换为（r, theta）的曲线点。同一条直线上的点 $P(x,y)$ 都满足 $x×\cos(\text{theta})+y×\sin(\text{theta})=r$，这样一组（$r$, theta）常量对应图像中唯一确定的一条直线。通过遍历图像中感兴趣区域的像素点，不断累加每个（r, theta）对应的数据点个数，当某一对（r, theta）对应的统计点数达到设定的阈值时，就认为这些点在一条直线上。通过霍夫变换检测并结合设定的阈值，对同一条直线上的点集大小进行筛选，可以有效过滤图像中的非目标直线特征，从而减少干扰并提高检测的准确性。

基于霍夫变换的车道线检测方法中，第一步是使用 Canny 边缘检测算法来提取图像中的所有边缘信息，并使用高斯模糊处理去除图像中的所有噪点，如图 4-1 所示。

基于边缘图框出感兴趣区域（ROI）后，将边缘检测后的图像映射到霍夫空间，在霍夫空间中寻找局部极大值点，并设定阈值，过滤掉低于阈值的像素，以此排除干扰直线。通过这一过程，我们可以最终得到所需的车道线，如图 4-2 所示。

图 4-1 使用 Canny 边缘检测算法处理后的图像

图 4-2 经过霍夫变换后的车道线检测

下面给出 ROI 提取以及霍夫变换的 OpenCV 示例代码：

```
1.  #ROI 设定
2.  def region_of_interest(img, vertices):
3.      #首先定义一个空白掩码
4.      mask = np.zeros_like(img)
5.      #根据输入图像的要求,定义一个 3 通道或者 1 通道颜色来填充掩码
```

```
6.          if len(img.shape) > 2:
7.              channel_count = img.shape[2]
8.              ignore_mask_color = (255,) * channel_count
9.          else:
10.             ignore_mask_color = 255
11.         #用颜色填充由vertices定义的多边形
12.         cv2.fillPoly(mask, vertices, ignore_mask_color)
13.         #仅返回掩码像素为非零的图像
14.         masked_image = cv2.bitwise_and(img, mask)
15.         return masked_image
16.
17.     #霍夫变换
18.     def hough_lines(img, rho, theta, threshold, min_line_len, max_line_gap):
19.         """
20.         img是由Canny算法变换之后的输出
21.         返回带有Hough线的图像
22.         """
23.         lines = cv2.HoughLinesP(img, rho, theta, threshold, np.array([]),
                minLineLength=min_line_len, maxLineGap=max_line_gap)
24.         line_img = np.zeros((img.shape[0], img.shape[1], 3), dtype=np.uint8)
25.         draw_lines(line_img, lines)
26.         return line_img
```

由于霍夫变换主要用来检测图像中的直线，所以对于弯道场景的车道线检测可能不够有效。

2. 基于俯视图变换的车道线检测方法

基于俯视图变换的车道线检测方法实际上是一种透视变换，是通过对图像中的道路路面进行透视变换，将其转换为俯视图，在俯视图中将车道线提取出来，如图 4-3 所示。

图 4-3　基于俯视图变换的车道线检测

在俯视图中进行车道线提取的过程，也是在图像中识别车道线特征的过程。首先根据灰度值将图像二值化，然后通过边缘检测方法得到车道线边缘轮廓，并最终将检测的车道线提取出来。这种方法的优点是能够同时识别多条车道线，实时性比较好。但该方法在面对复杂路况时稳定性比较差，容易受周边物体遮挡的影响。在进行透视变换过程中，图像会损失较大的信息，导致在俯视图中不一定能检测到变形后的车道线。

下面给出透视变换所需的参数矩阵，以及透视变换的 OpenCV 示例代码：

```
1.   #计算透视变换所需的参数矩阵
2.   def cal_perspective_params(img, points):
3.       offset_x = 330
4.       offset_y = 0
5.       img_size = (img.shape[1], img.shape[0])
6.       src = np.float32(points)
7.       # 俯视图中 4 个点的位置
8.       dst = np.float32([[offset_x, offset_y], [img_size[0] - offset_x, offset_y],
9.                     [offset_x, img_size[1] - offset_y],
10.                    [img_size[0] - offset_x, img_size[1] - offset_y]
11.                    ])
12.      # 从原始图像转换为俯视图的透视变换的参数矩阵
13.      M = cv2.getPerspectiveTransform(src, dst)
14.      # 从俯视图转换为原始图像的透视变换的参数矩阵
15.      M_inverse = cv2.getPerspectiveTransform(dst, src)
16.      return M, M_inverse
17.
18.  #透视变换
19.  def img_perspect_transform(img, M):
20.      img_size = (img.shape[1], img.shape[0])
21.      return cv2.warpPerspective(img, M, img_size)
```

3. 基于拟合的车道线检测方法

由于车道线通常是白色的，路面是灰色的，车道线和路面存在明显、稳定的灰度梯度差异。利用这一特点，通过采用滑窗和直方图的方法，我们可以将车道线的边缘提取出来。由于提取的车道线边缘点数量很多，为了确定车道线上的点，我们需要找到同一水平位置上相邻的车道线边缘点，并取这些点的中点作为车道线上的一点，依此方法得到整个车道线的点集。由于车道线与路面的颜色灰度值会受到环境变化的影响，因此单一的阈值分割得到的边缘点并不完全在车道线的中间，而是分布在一个区域内，所以车道线提取的中点集合并不是在一条直线上，而是分布在直线的两侧。为了得到最终的车道线，我们需要对这些点进行拟合，一般采用拟合函数进行拟合。基于拟合的车道线检测效果如图 4-4 所示。

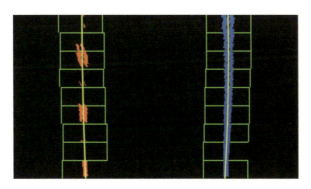

图 4-4　基于拟合的车道线检测效果

下面给出基于滑窗和直方图的拟合车道线检测的 OpenCV 示例代码:

```
1.   def cal_line_param(binary_warped):
2.       #确定左右车道线的位置
3.       #统计直方图
4.       histogram = np.sum(binary_warped[:, :], axis=0)
5.       #在统计结果中找到直方图左右统计值最大的点,作为左右车道线检测的开始点
6.       #将统计结果一分为二,划分为左右两部分,分别定位峰值位置,即两条车道线的搜索位置
7.       midpoint = np.int(histogram.shape[0] / 2)
8.       leftx_base = np.argmax(histogram[:midpoint])
9.       rightx_base = np.argmax(histogram[midpoint:]) + midpoint
10.      #滑动窗口检测车道线
11.      #设置滑动窗口的数量,计算每一个窗口的高度
12.      nwindows = 9
13.      window_height = np.int(binary_warped.shape[0] / nwindows)
14.      #获取图像中像素值不为0的点
15.      nonzero = binary_warped.nonzero()
16.      nonzeroy = np.array(nonzero[0])
17.      nonzerox = np.array(nonzero[1])
18.      #车道线检测的当前位置
19.      leftx_current = leftx_base
20.      rightx_current = rightx_base
21.      #设置x的检测范围,通常为滑动窗口宽度的一半
22.      margin = 100
23.      #设置最小像素点阈值,以统计滑动窗口区域内的非0像素的个数,如果数量小于50,则不更新窗口中心
             对应的x坐标值
24.      minpix = 50
25.      #记录搜索窗口中非0像素点在nonzeroy和nonzerox中的索引
26.      left_lane_inds = []
27.      right_lane_inds = []
```

```
28.
29.     # 遍历该幅图像中的每一个窗口
30.     for window in range(nwindows):
31.         # 设置窗口在 y 轴方向的检测范围,因为图像是由行和列组成的,其中 shape[0] 表示 y 方向的维
                度,顶部对应索引 0
32.         win_y_low = binary_warped.shape[0] - (window + 1) * window_height
33.         win_y_high = binary_warped.shape[0] - window * window_height
34.         # 左车道 x 的范围
35.         win_xleft_low = leftx_current - margin
36.         win_xleft_high = leftx_current + margin
37.         # 右车道 x 的范围
38.         win_xright_low = rightx_current - margin
39.         win_xright_high = rightx_current + margin
40.
41.         # 确定非 0 像素点的坐标(x,y)是否在搜索窗口中,将搜索窗口内非 0 像素点的 x 和 y 的索引分别
                存入 left_lane_inds 和 right_lane_inds
42.         good_left_inds = ((nonzeroy >= win_y_low) & (nonzeroy < win_y_high) &
43.             (nonzerox >= win_xleft_low) & (nonzerox < win_xleft_high)).nonzero()[0]
44.         good_right_inds = ((nonzeroy >= win_y_low) & (nonzeroy < win_y_high) &
45.             (nonzerox >= win_xright_low) & (nonzerox < win_xright_high)).nonzero()[0]
46.         left_lane_inds.append(good_left_inds)
47.         right_lane_inds.append(good_right_inds)
48.
49.         # 如果获取的点的数量大于最小点数的阈值,则利用这些点的 x 坐标来更新滑动窗口在 x 轴的位置
50.         if len(good_left_inds) > minpix:
51.             leftx_current = np.int(np.mean(nonzerox[good_left_inds]))
52.         if len(good_right_inds) > minpix:
53.             rightx_current = np.int(np.mean(nonzerox[good_right_inds]))
54.
55.     # 将检测出的左右车道点转换为数组
56.     left_lane_inds = np.concatenate(left_lane_inds)
57.     right_lane_inds = np.concatenate(right_lane_inds)
58.
59.     # 获取检测出的左右车道点在图像中的位置
60.     leftx = nonzerox[left_lane_inds]
61.     lefty = nonzeroy[left_lane_inds]
62.     rightx = nonzerox[right_lane_inds]
63.     righty = nonzeroy[right_lane_inds]
64.
65.     # 用二次多项式拟合检测出的点,返回的结果是系数
66.     left_fit = np.polyfit(lefty, leftx, 2)
67.     right_fit = np.polyfit(righty, rightx, 2)
68.     return left_fit, right_fit
```

基于拟合的车道线检测方法的优点是计算量较小，可以拟合带有曲率的车道线；缺点是环境适应性差，受光照干扰较大，稳定性差。

4. 基于消失点的车道线检测方法

基于消失点的车道线检测方法是在透视变换的基础上，利用车道线消失点对摄像头的外参进行调整，减小因摄像头安装角度和道路本身倾斜引起的变换影响。关于通过消失点调整摄像头外参，可以参考第 3 章摄像头动态标定的相关内容介绍。图 4-5 所示的两条车道线相交的消失点，用于调整摄像头外参。

图 4-5 消失点示意图

4.1.2 基于深度学习的车道线检测方法

由于基于深度学习的方法具体较强的鲁棒性，且相对于基于传统图像算法的方法准确性更高，同时还可以直接融合到目标检测、场景识别等多任务模型中，进一步节省计算资源，因此基于深度学习的车道线检测方法越来越流行。该方法已经从 2D 车道线检测发展到 3D 车道线检测。然而，由于 3D 车道线检测不在本章内容介绍范围内，因此这里的基于深度学习的车道线检测方法还是基于 2D 图像的。

基于深度学习的车道线检测方法大致可以分为 4 类：基于图像分割的车道线检测方法、类似目标检测的车道线检测方法、基于关键点的车道线检测方法、基于参数曲线的车道线检测方法。

1. 基于图像分割的车道线检测方法

基于图像分割的车道线检测方法是将车道线检测建模为逐像素分类问题，即判断每个像素是属于车道线还是属于背景。这类方法通常是在语义分割模型基础上，增加一个车道线实例判别头，通过监督学习来训练网络以判别车道线是否存在。经典的方法包括 SCNN、RESA、LaneNet 等。

为了区分不同的车道线，空间卷积神经网络（Spatial Convolutional Neural Network，SCNN）将不同的车道线作为不同的类别，从而将车道线检测转化为多类分割任务。SCNN 引入一个切片卷积神经网络（Convolutional Neural Network，CNN）结构，使消息可以实现跨行和列传递，如图 4-6 所示。对 SCNN 中的切片 CNN 结构进行改进，加入切片间不同步长的信息传递，同时解耦相邻层之间时序上的依赖，可以提高并行处理能力。

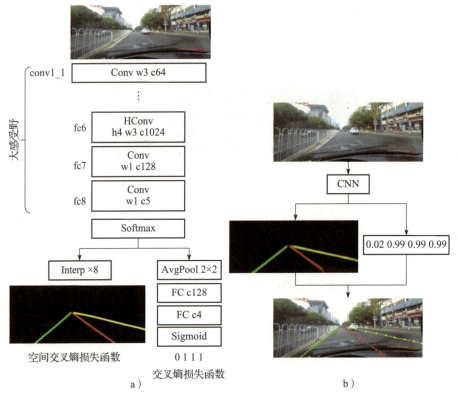

图 4-6　SCNN 多类分割任务示意图

循环特征移位聚合器（REcurrent feature Shift Aggregator，RESA）是用于优化信息传递方法的一个特征增强模块，能够有效地捕获行和列之间像素的空间关系；RESA 具有很高的计算效率，可以有效地聚合空间信息，适合检测具有突出的几何先验信息的目标，如图 4-7 所示。

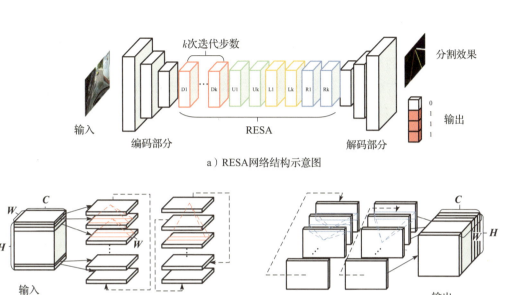

a）RESA网络结构示意图

b）RESA_U网络结构示意图　　　　c）RESA_R网络结构示意图

图 4-7　RESA 系列结构示意图

　　LaneNet 车道线检测思路是将车道线检测任务划分成两个分支——车道分割分支与车道嵌入分支进行处理。车道分割分支是将图像分割为车道区域与背景区域；车道嵌入分支负责将分割出的车道区域进一步分解成不同的车道线实例，如图 4-8 所示。

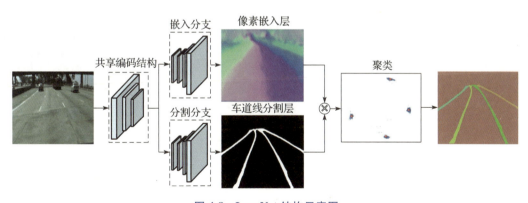

图 4-8　LaneNet 结构示意图

　　基于图像分割的车道线检测方法的分割模型大，会导致处理速度较慢。在严重遮挡情况下，这些方法的性能会显著下降，且没有充分利用车道线的先验知识。

2. 类似目标检测的车道线检测方法

类似目标检测的车道线检测方法通常采用自顶向下思路，将车道线看成一种特殊的目标进行预测。这类方法利用了在驾驶员视角下，车道线自近处向远处延伸的先验知识来构建车道线实例模型。类似目标检测的车道线检测方法可分为两种：一种是基于锚点的方法，另一种是基于实例检测的方法。

（1）基于锚点的方法

基于锚点的方法首先设计线型锚点，并对采样点与预定义锚点之间的偏移量进行回归分析。通过非极大值抑制（Non-Maximum Suppression，NMS）算法选择置信度最高的车道线。基于锚点的车道线检测方法有 LineCNN、LaneATT 等。

LineCNN 是一个端到端的车道线检测模型，其采用 ResNet 来提取特征，使用区域生成网络（Region Proposal Network，RPN）实现车道线检测。RPN 同时预测每个滑动窗口位置的 k 个候选区域，其中每个候选区域包含 2 个目标度得分和 4 个位置坐标。LPU（Line Proposal Unit）结构从原图的左边、右边以及中间 3 个边界的特征图中预设 k 条线生成，以解决车道线误差计算问题，这使得该模型达到不错的效果。LineCNN 结构示意图如图 4-9 所示。

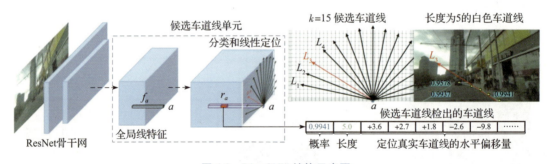

图 4-9　LineCNN 结构示意图

LaneATT 是一种基于大型复杂数据集的先进、精确度高的实时车道检测方法。它是一个基于线型锚点的池化方法，结合了注意力机制，类似 YOLOv3 或 SSD，检测速度比其他大多数模型更快，如图 4-10 所示。LaneATT 使用 ResNet 作为特征提取器来生成一个特征映射，然后将特征汇集起来并提取每个锚点的特征。这些特征与一组由注意力模块产生的全局特征相融合。最后，将融合后的特征传递给全连接层，以预测最终的输出车道。通过融合局部和全局特征，实现即使在遮挡或没有可见车道标记的情况下，自动驾驶汽车也可以更容易地使用来自其他车道的信息。

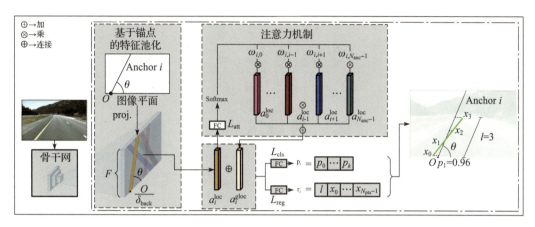

图 4-10　LaneATT 结构示意图

（2）基于实例检测的方法

基于实例检测的方法是将图像沿水平方向等距切分成条带，并在水平条带中检测每条车道线的位置。比较经典的方法有 CondLaneNet、UFLD（Unifying Global Feature and Local Detail for Lane Detection）等。

CondLaneNet 是一种自上而下的车道线检测框架，如图 4-11 所示。它首先使用 ResNet系列网络作为骨干网，该骨干网中包含一个用于提取多尺度特征的特征金字塔网络（Feature Pyramid Network，FPN）。为了增强提取全局特征的能力，该骨干网中还有一个变形编码器模块。然后，利用区域头来检测车道线实例，并为每个实例生成动态的卷积核参数。最后，利用生成的动态卷积核参数和条件卷积确定车道线的点集。

UFLD 将车道检测过程看成一个基于全局特征的行选择问题，能够有效地降低计算量，并提高计算速度。如图 4-12 所示，UFLD 采用了较小的 ResNet18 或者 ResNet34 作为骨干网。为了在训练过程中增强视觉特征，它在骨干网之后添加了一个辅助部分，然后在全局特征上通过行索引来计算候选点。这种方法将先验假设融入车道线检测任务。图 4-13 给出了 UFLD 中 Group 分类的网络结构示意图。由于整个基线中参与最终推理的部分只进行了下采样，而没有像分割模型那样进行多轮上采样，因此 UFLD 模型的整体计算量是相当低的。

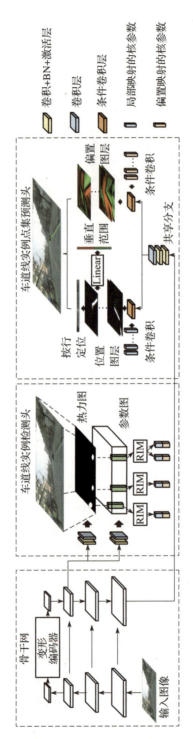

图 4-11 CondLaneNet结构示意图

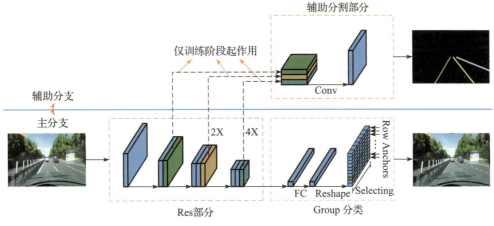

图 4-12　UFLD 结构示意图

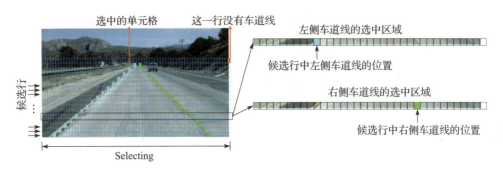

图 4-13　Group 分类的网络结构示意图

类似目标检测的车道线检测方法采用了自顶向下的设计，这样能够更好地利用车道线的先验知识，提高检测实时性。同时在严重遮挡等情况下，这种方法还能够获得连续的车道线检测实例。但预设锚点形状可能会对检测的灵活性产生影响。

3. 基于关键点的车道线检测方法

基于关键点的车道线检测方法是直接对车道线的实例进行检测，然后使用后处理方法对实例进行划分。GANet 是典型的基于关键点的车道线检测方法。

GANet 是将每个关键点直接回归到车道线的起点，然后进行实例的划分。它通过直接预测车道线上的关键点到车道线起始点的偏移量来完成对车道线关键点的并行聚合，从而实现高效且准确的车道线检测，如图 4-14 所示。

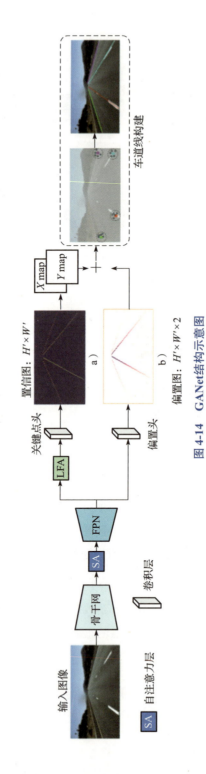

图 4-14 GANet结构示意图

另外，GANet 还引入了一个车道感知特征聚合器（Lane-aware Feature Aggregator，LFA）。LFA 会在每个关键点上预测其与相邻的若干关键点的偏移量，并利用这些偏移量对其他相邻关键点的特征进行聚合，以增强当前关键点的特征。LFA 所提取的关键点间的局部关联与 GANet 中的全局关联构成互补，从而形成对车道线的全尺度建模。

基于关键点的车道线检测方法具有较强的灵活性和实时性，但在处理遮挡问题时，仍需要考虑如何构建全局信息，以达到性能最优。

4. 基于参数曲线的车道线检测方法

基于参数曲线的车道线检测方法是使用预先设定的参数曲线，对车道线形状进行检测。比较典型的方法如 PolyLaneNet 等。

PolyLaneNet 是一种用于端到端车道线检测的卷积神经网络，结构如图 4-15 所示。PolyLaneNet 接收前视摄像头输入的图像，并输出代表图像中每个车道线标记的多项式，同时提供车道线多项式和每个车道线的置信度得分。PolyLaneNet 包括一个骨干网（用于特征提取）。该骨干网附加有一个全连接层，有 $M+1$ 个输出。这里 M 为给定输入图像的带标记的车道线的数量。PolyLaneNet 采用多项式表示而不是一组标记点。该方法不需要任何后处理即可获得车道估算值。

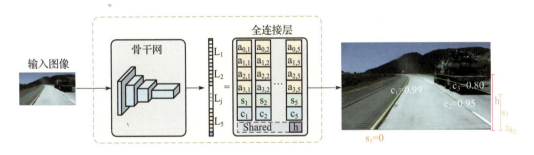

图 4-15　PolyLaneNet 结构示意图

基于参数曲线的车道线检测方法可以自然地学习整体车道表示，具有较快的推理速度，但在准确性方面，受道路环境的限制，并不总能提供较高的准确度。

随着基于深度学习的车道线检测方法的发展，车道线检测获得了切实可行的解决方案。从基于传统实例分割的方法，到结合先验知识进行自顶向下建模的方法，车道线检测的精度和速度均有了显著提高。在实际工程中，我们通常需要根据车道线的形状以及道路结构等先验知识，构建或修改网络结构，以确保模型精度的同时，还能有较高的鲁棒性。

4.2 车道线曲线拟合

无论采用基于传统图像算法的车道线检测方法还是采用基于深度学习的 2D 车道线检测方法，所得到的都是车道线 2D 图像信息。对于下游的规控模块来说，这些信息并不能直接使用，因为下游规控模块需要的是车体坐标系下的离散点，所以需要将 2D 图像上得到的车道线像素点转换到车体坐标系下。如果直接将检测到的车道线以密集散点的形式输出，一方面会增加系统的计算成本，另一方面会导致检测结果的失真。

为了解决这个问题，我们可以根据检测得到的散点进行函数拟合，从而得到一个车道线检测的函数模型。通过这种方法，只需向下游传递较少的几个函数模型参数，下游规控模块接收到这些参数后，再通过函数模型将这些参数还原为车道线点，并依此进行功能控制。这样既减少了数据传输量，又保持了结果的准确性和实用性。

4.2.1 常用的拟合算法

车道线曲线拟合不管采用基于传统图像算法的方法还是采用基于深度学习的方法都是将检测的车道线上的点投影到 3D 空间进行拟合。常用的拟合方法有随机采样一致性（RANdom SAmple Consensus，RANSAC）法、最小二乘法、贝塞尔曲线、CatmullRom 样条插值、三次样条插值等。下面对这些方法进行详细介绍。

1. RANSAC 法

RANSAC 法是一种从包含外点的数据集中正确估计数学模型参数的迭代方法。这里的"外点"指的是需要剔除的噪声，例如估计曲线中的离群点。所以，RANSAC 法也可以看作一种"外点"检测的方法。

图 4-16 展示了采用 RANSAC 法将杂乱无序的散点拟合成直线的示意图。首先，在点集中随机选择两个点，求解这两个点构成的直线方程。接着，计算点集中剩余点到该直线的距离，将距离小于设定的阈值的点判定为内点，统计内点个数。接下来再随机选取两个点，重复上述步骤，继续统计内点个数。重复多次后，拥有内点个数最多的点集判定为最大一致集。最后，利用最小二乘法将该最大一致集中的点拟合成一条直线。

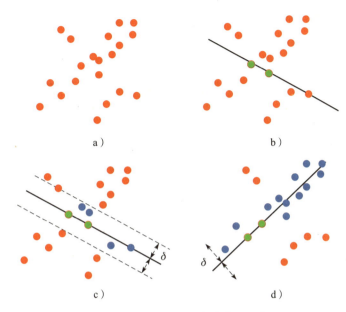

图 4-16　RANSAC 法拟合成直线示意图

由上所述，RANSAC 法拟合比较简单，具体如下。

1）给定一个数据集 S，从中选择建立模型所需的最小样本数（空间直线最少由两个点确定，即最小样本数为 2；空间平面可以由不共线的三点确定，即最小样本数为 3，所以曲线或者圆的拟合所需最小样本数为 3），记选择数据集为 $S1$。

2）使用选择的数据集 $S1$ 计算得到一个数学模型 $M1$。

3）用模型 $M1$ 去测试数据集中剩余的点，如果测试的数据点在误差允许的范围内，则将该点判定为内点，否则判定为外点，记所有内点组成的数据集为 $S1^{*}$（$S1^{*}$ 表示 $S1$ 的一致性集合）。

4）比较当前模型与之前推出的最好的模型的内点数量，记录最大内点数量时的模型参数和内点数量。

5）重复 1~4 步，直到迭代结束或者当前模型满足条件（内点数量大于设定的阈值）。每次生成的模型要么因为内点太少而被舍弃，要么因为比现有模型更好而被选用。

根据上述 RANSAC 原理的介绍，在整个流程中有两个参数需要重点关注，即迭代次数和距离阈值的选取。

距离阈值选取需要知道内点到模型距离的概率分布，一般需要依靠经验。假设数据点的误差服从零均值、标准差为 σ 的高斯分布，那么误差的平方将服从自由度为 1 的卡方分布。然后计算数据点到拟合模型的距离平方和，该平方和将服从自由度为 m 的卡方分布，其中 m 为模型余维度（即模型参数的数量），距离阈值的计算公式为：

$$t^2 = F_m^{-1}(\alpha)\sigma^2$$

假设内点在数据中的占比 t 为 $\dfrac{n_{\text{inlier}}}{n_{\text{inlier}}+n_{\text{outlier}}}$，在每次计算模型使用 n 个点的情况下，选取的点至少有一个外点的概率为 $1-t^n$，那么迭代 k 次计算模型至少采样到一个外点的概率为 $(1-t^n)^k$，所以能采样到 n 个内点的概率 P 为 $1-(1-t^n)^k$，等效换算并取对数可得迭代的次数 k 为 $\dfrac{\log(1-P)}{\log(1-t^n)}$。

这里的 t 一般是先验值，P 为希望得到的正确模型的概率。如果事先不知道 t 的值，可以采用自适应迭代次数方法。所谓自适应迭代次数方法，就是设定一个无穷大的迭代次数，每次更新模型参数估计的时候，将当前内点比值当成 t 来估算出迭代次数。

尽管 RANSAC 对包含大量外点的数据集能够稳定地估计出较高精度的参数，但只能从特定的数据集中估计出一个模型参数。如果数据集中存在两个或多个模型参数，RANSAC 不能同时找到别的模型参数。

这里给出一个 RANSAC 拟合直线代码示例。

```
1.  // RANSAC 拟合 2D 直线
2.  // 输入参数:points--输入点集
3.  //       iterations--迭代次数
4.  //       sigma--数据和模型之间可接受的差值,车道线像素宽带一般为 10 左右
5.  //          (用于计算拟合得分的参数)
6.  //       k_min/k_max--拟合的直线斜率的取值范围
7.  //          考虑到左右车道线在图像中的斜率位于一定范围内,
8.  //          添加此参数,可以同时避免检测垂线和水平线
9.  // 输出参数:line--拟合的直线方程参数
10. //          其中,(vx,vy)是一条与该车道线共线的归一化向量,(x0,y0)是该车道线上的点
11. //
12. //
13. // 返回值:无
14. void fitLineRansac(const std::vector<cv::Point2f>& points,
```

```
15.              cv::Vec4f &line,
16.              int iterations = 1000,
17.              double sigma = 1.,
18.              double k_min = -7.,
19.              double k_max = 7.)
20.  {
21.      unsigned int n = points.size();
22.
23.      if(n<2)
24.      {
25.          return;
26.      }
27.
28.      cv::RNG rng;
29.      double bestScore = -1.;
30.      for(int k=0; k<iterations; k++)
31.      {
32.          int i1=0, i2=0;
33.          while(i1==i2)
34.          {
35.              i1 = rng(n);
36.              i2 = rng(n);
37.          }
38.          const cv::Point2f& p1 = points[i1];
39.          const cv::Point2f& p2 = points[i2];
40.
41.          cv::Point2f dp = p2-p1;
42.          dp *= 1./norm(dp);
43.          double score = 0;
44.
45.          if(dp.y/dp.x<=k_max && dp.y/dp.x>=k_min )
46.          {
47.              for(int i=0; i<n; i++)
48.              {
49.                  cv::Point2f v = points[i]-p1;
50.                  double d = v.y*dp.x - v.x*dp.y;
51.
52.                  if( fabs(d)<sigma )
53.                      score += 1;
54.              }
55.          }
56.          if(score > bestScore)
57.          {
58.              line = cv::Vec4f(dp.x, dp.y, p1.x, p1.y);
```

```
59.            bestScore = score;
60.        }
61.    }
62. }
```

2. 最小二乘法

最小二乘法（Least Square Method，LSM）是一种寻找最优函数匹配的优化方法。最小二乘法的目标是调整模型参数，以便将损失函数的值降到最小，从而获得最优的模型拟合。由于直线或者曲线不可能穿过所有的观测点，因此我们需要寻找一条直线或者曲线使得数据点的理论值与真实值之间的误差平方和达到最小。通过求解相应的方程或使用数值优化技术，我们就可以获得这条直线或曲线的参数估计。最小二乘法拟合示意图如图 4-17 所示。

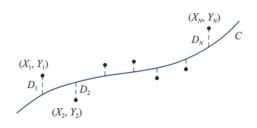

图 4-17　最小二乘法拟合示意图

假设给定一组样本数据集 $P(x,y)$，P 内各数据点 $P_i(x_i,y_i)$（$i=1,2,3,\cdots,m$）来自对多样式 $f(x_i)=\theta_0+\theta_1 x_i+\theta_2 x_i^2+\cdots+\theta_n x_i^n=\sum\limits_{j=0}^{n}\theta_j x_i^j$ 的多次采样，其中 m 为样本维度，n 为多项式阶数，$\theta_j(j=0,1,2,3,\cdots,n)$ 为多项式的各项系数。

样本数据集 P 内各数据点真实值与理论值的误差平方和为

$$S=\sum_{i=1}^{m}\left[f(x_i)-y_i\right]^2$$

最小二乘法认为，最优匹配函数的各项系数 θ_j 应使得误差平方和 S 取得极小值。取 S 对 θ_j 的偏导，令其等于零，则有

$$\frac{\partial S}{\partial \theta_j}=-2\sum_{i=1}^{m}\left[\left(y_i-\sum_{j=0}^{n}\theta_j x_i^j\right)x_i^j\right]=0$$

转换为矩阵形式，得到计算 θ_j 的线性方程组，则有

$$
\begin{pmatrix}
m & \sum_{i=1}^{m} x_i^1 & \cdots & \sum_{i=1}^{m} x_i^n \\
\sum_{i=1}^{m} x_i^1 & \sum_{i=1}^{m} x_i^2 & \cdots & \sum_{i=1}^{m} x_i^{n+1} \\
\vdots & \vdots & & \vdots \\
\sum_{i=1}^{m} x_i^n & \sum_{i=1}^{m} x_i^{n+1} & \cdots & \sum_{i=1}^{m} x_i^{2n}
\end{pmatrix}
\begin{pmatrix}
\theta_0 \\
\theta_1 \\
\vdots \\
\theta_n
\end{pmatrix}
=
\begin{pmatrix}
\sum_{i=1}^{m} y_i \\
\sum_{i=1}^{m} x_i^1 y_i \\
\vdots \\
\sum_{i=1}^{m} x_i^n y_i
\end{pmatrix}
$$

计算得出曲线系数 $\theta_0, \theta_1, \cdots, \theta_n$，进而得到拟合曲线。拟合的多项式次数越高，拟合结果越精确，但随之带来计算量的增加，所以在实际中需要兼顾两者。

这里给出一个基于 Eigen 的最小二乘法代码示例：

```
1.   /**
2.    * @ brief 使用最小二乘法的拟合多项式
3.    *
4.    * @ param X 样本数据的 X 轴坐标向量
5.    * @ param Y 样本数据的 Y 轴坐标向量
6.    * @ param orders 大于 0 的拟合顺序
7.    * @ return Eigen::VectorXf 拟合多项式的系数向量
8.    */
9.   Eigen::VectorXf FitterLeastSquareMethod(vector<float> &X, vector<float> &Y,
         uint8_t orders)
10.  {
11.      // 输入校验
12.      if (X.size() < 2 || Y.size() < 2 || X.size() != Y.size() || orders < 1)
13.          exit(EXIT_FAILURE);
14.
15.      // 将样本格式从 STL Vector 转换到 Eigen Vector
16.      Eigen::Map<Eigen::VectorXf> sampleX(X.data(), X.size());
17.      Eigen::Map<Eigen::VectorXf> sampleY(Y.data(), Y.size());
18.
19.      Eigen::MatrixXf mtxVandermonde(X.size(), orders + 1);
                                   // 样本数据的 X 轴坐标向量的 Vandermond 矩阵
20.      Eigen::VectorXf colVandermonde = sampleX;        // Vandermond 矩阵列
21.
22.      // 逐列构建 Vandermond 矩阵
23.      for (size_t i = 0; i < orders + 1; ++i)
```

```
24.      {
25.          if (0 == i)
26.          {
27.              mtxVandermonde.col(0) = Eigen::VectorXf::Constant(X.size(), 1, 1);
28.              continue;
29.          }
30.          if (1 == i)
31.          {
32.              mtxVandermonde.col(1) = colVandermonde;
33.              continue;
34.          }
35.          colVandermonde = colVandermonde.array()*sampleX.array();
36.          mtxVandermonde.col(i) = colVandermonde;
37.      }
38.
39.      // 计算拟合多项式的系数向量
40.      Eigen::VectorXf result = (mtxVandermonde.transpose()*mtxVandermonde).
             inverse()*(mtxVandermonde.transpose())*sampleY;
41.
42.      return result;
43. }
```

3. 贝塞尔曲线

贝塞尔曲线是一条依据给定点的坐标绘制出的光滑曲线。在自动驾驶领域，贝塞尔曲线不仅用在车道线拟合中，还广泛应用在路径规划、轨迹预测中。

一阶贝塞尔曲线是使用两个点就可以确定的曲线，且曲线参数方程的最高次数为1。如图 4-18 所示，一阶贝塞尔曲线可以表示为 $B_1(t) = (1-t)P_0 + P_1 t$，其中 $0 < t < 1$。

二阶贝塞尔曲线使用 3 个点来确定，且曲线参数方程的最高次数为 2。假设平面中存在 3 个点 P_0、P_1、P_2（见图 4-19），依次使用直线连接；在 P_0 到 P_1 直线上任选一个点 Q_0，在 P_1 到 P_2 直线上任选一个点 Q_1，可以退化到一阶贝塞尔曲线进行表示，即左端点 $Q_0(t) = (1-t)P_0 + P_1 t$，右端点 $Q_1(t) = (1-t)P_1 + P_2 t$。

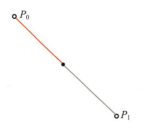

图 4-18　一阶贝塞尔曲线

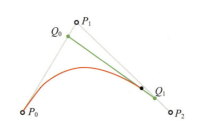

图 4-19　二阶贝塞尔曲线

所以，二阶贝塞尔曲线可以表示为

$$B_2(t) = (1-t)Q_0 + Q_1 t = (1-t)^2 P_0 + 2t(1-t)P_1 + t^2 P_2$$

其中，$0<t<1$。

三阶贝塞尔曲线需要 4 个点来确定形状，且该曲线参数方程的最高次数为 3。由此可以推断出，由 n 个点确定的曲线参数方程的最高次数为 $n-1$，这样的曲线叫作 $n-1$ 阶贝塞尔曲线。

根据递归的定义，我们可以得出高阶贝塞尔曲线的方程，即四阶贝塞尔曲线需要递归用到三阶贝塞尔曲线；三阶贝塞尔曲线需要递归用到二阶贝塞尔曲线；二阶贝塞尔曲线需要递归用到一阶贝塞尔曲线；一阶贝塞尔曲线就是线性插值。

图 4-20 展示了贝塞尔曲线随阶数的变化。贝塞尔曲线的性质可以由下述公式获得：

$$P(t) = \sum_{i=0}^{n} P_i B_{i,n}(t), \quad 0<t<1$$

$$B_{i,n}(t) = C_n^i t^i (1-t)^{n-i} = \frac{n!}{i!(n-i)!} t^i (1-t)^{n-i}, \quad i=0,1,\cdots,n$$

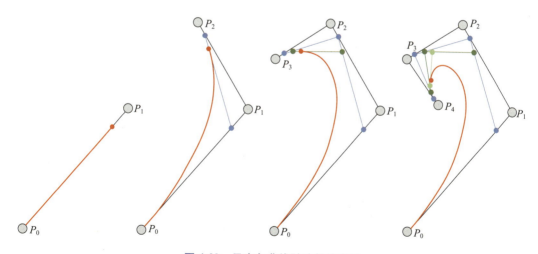

图 4-20　贝塞尔曲线随阶数的变化

在路径规划中，我们常会用到贝塞尔曲线的凸包性质来确保生成路径的合理性，即贝塞尔曲线始终会在包含了所有控制点的最小凸多边形中，但这个凸多边形并不是按照控制点的顺序围成的最小凸多边形。也就是说，可以通过控制点的凸包性质来限制规划曲线的范围。简单来讲，对于给定二维平面上的点集，凸包是将最外层的点连接起来构成的凸多边形，它能包含点集中所有的点。

这里给出高阶贝塞尔的实现代码：

```
1.    // 递归
2.    double factorial(int n){
3.        if(n<=1){
4.            return 1;
5.        }else {
6.            return factorial(n-1)* n;
7.        }
8.    }
9.
10.   // 贝塞尔公式
11.   Vector2d bezierCommon(vector<Vector2d> Ps, double t){
12.       if(Ps.size()==1){
13.           return Ps[0];
14.       }
15.       Vector2d p_t(0.,0.);
16.       int n = Ps.size()-1;
17.       for (int  i= 0;  i< Ps.size(); i++) {
18.           double C_n_i = factorial(n)/(factorial(i)* factorial(n-i));
19.           p_t += C_n_i* pow((1-t),(n-i))* pow(t,i)* Ps[i];
20.       }
21.       return p_t;
22.   }
```

4. CatmullRom 样条插值

插值是一种通过已知的离散数据点在指定范围内推出新数据点的方法。样条插值方法是通过连接相邻数据点之间的曲线来构建一条平滑的曲线，以实现数据的插值和拟合。样条插值可以使用低阶多项式样条实现较小的插值误差，从而避免使用高阶多项式可能出现的过拟合问题。所以，样条插值因其准确性和灵活性得到广泛应用。

CatmullRom 样条插值是曲线插值的一种。该插值函数经过所给的所有控制点（至少 4 个控制点）。经过 4 个控制点的 CatmullRom 样条插值的公式如下：

$$Q(t) = 0.5 \times \begin{pmatrix} 1 & t & t^2 & t^3 \end{pmatrix} \begin{pmatrix} 0 & 2 & 0 & 0 \\ -1 & 0 & 1 & 0 \\ 2 & -5 & 4 & -1 \\ -1 & 3 & -3 & 1 \end{pmatrix} \begin{pmatrix} P_0 \\ P_1 \\ P_2 \\ P_3 \end{pmatrix}$$

其中，t 属于 $[0,1]$（在 $0 \sim 1$ 之间，每个 t 值可能对应所求曲线中的某个点，取值越多，曲线越密）。

这里给出 CatmullRom 样条插值代码示例：

```
1.  void CatmullRomSpline(float** splineWeights, float** tangentWeights, int subD)
2.  {
3.      float u, u_2, u_3;
4.      for (int i = 0; i < subD; i++)
5.      {
6.          u = (float)i /  subD;
7.          u_2 = u * u;
8.          u_3 = u_2 * u;
9.          splineWeights[0][i] = (-1.0f*u_3 + 2.0f*u_2 - 1.0f*u + 0.0f)*0.5f;
10.         splineWeights[1][i] = ( 3.0f*u_3 - 5.0f*u_2 + 0.0f*u + 2.0f)*0.5f;
11.         splineWeights[2][i] = (-3.0f*u_3 + 4.0f*u_2 + 1.0f*u + 0.0f)*0.5f;
12.         splineWeights[3][i] = ( 1.0f*u_3 - 1.0f*u_2 + 0.0f*u + 0.0f)*0.5f;
13.         tangentWeights[0][i] = (-3.0f*u_2 +  4.0f*u - 1.0f)*0.5f;
14.         tangentWeights[1][i] = ( 9.0f*u_2 - 10.0f*u + 0.0f)*0.5f;
15.         tangentWeights[2][i] = (-9.0f*u_2 +  8.0f*u + 1.0f)*0.5f;
16.         tangentWeights[3][i] = ( 3.0f*u_2 -  2.0f*u + 0.0f)*0.5f;
17.     }
18. }
```

5. 三次样条插值

三次样条插值也是一个比较常用的样条插值方法，其本质是通过一系列样本点拟合出一条光滑曲线。三次样条插值使用三次多项式曲线来替代线性插值的直线，即相邻两点之间均是三次多项式曲线，从而保证整个插值曲线在这些点上连续且光滑，这样可以更好地捕捉数据点的趋势和变化。

下面给出三次样条插值代码：

```
1.  vector<double> spline(const vector<double>& x, const vector<double>& y)
2.  {
```

```
3.      int n = x.size();
4.      vector<double> a(n), b(n), c(n), d(n), h(n), alpha(n), l(n), mu(n), z(n), c_new(n);
5.      for(int i = 1; i < n; i++)
6.      {
7.          h[i] = x[i] - x[i-1];
8.          alpha[i] = 3 * (y[i] - y[i-1]) / h[i] - 3 * (y[i-1] - y[i-2]) / h[i-1];
9.      }
10.     l[0] = 1;
11.     mu[0] = 0;
12.     z[0] = 0;
13.     for(int i = 1; i < n-1; i++)
14.     {
15.         l[i] = 2 * (x[i+1] - x[i-1]) - h[i-1] * mu[i-1];
16.         mu[i] = h[i] / l[i];
17.         z[i] = (alpha[i] - h[i-1] * z[i-1]) / l[i];
18.     }
19.     l[n-1] = 1;
20.     z[n-1] = 0;
21.     c[n-1] = 0;
22.     for(int j = n-2; j >= 0; j--)
23.     {
24.         c[j] = z[j] - mu[j] * c[j+1];
25.         b[j] = (y[j+1] - y[j]) / h[j] - h[j] * (c[j+1] + 2 * c[j]) / 3;
26.         d[j] = (c[j+1] - c[j]) / (3 * h[j]);
27.         a[j] = y[j];
28.     }
29.     return vector<double>{a, b, c, d};
30. }
```

三次样条插值能够尽可能地保持原始数据点的形状和趋势，同时提供平滑的曲线。然而，它也可能产生过拟合问题，特别是在数据点较少或数据中存在噪声的情况下。

4.2.2 车道线曲线模型

在现代道路设计中，道路有比较固定的设计模型。对于标准化的道路类型（如高速、高架、城市主干道等），车道的几何模型可以用一系列固定的参数来描述，这些参数主要包括车道的弧长、曲率半径、航向角和横向偏移量等，它们共同定义了道路的形状和车辆行驶的路径，如图 4-21 所示。

车道线模型是指根据特定数量的采样点，拟合出一条多阶的车道线方程，以表示车道线在车体坐标系下的位置、形状等，便于车辆进行行驶轨迹的规划和控制。由于车道线的

图 4-21　车道几何模型

参数在一定范围内不会有突变，如直道与弯道之间不会有突然的跳变，车道曲率不会出现大的跳变等，因此一般采用低阶曲线来表示车道线。为了更好地表示车道的曲率变化，一般选择三阶曲线进行车道线的拟合。该三阶曲线表达式（以下称为"车道线方程"）可以写成：

$$y = c_0 + c_1 x + c_2 x^2 + c_3 x^3$$

前面介绍的拟合算法，如最小二乘法、RANSAC 法等，都可以用来拟合这种三阶车道线曲线。另外，三次多项式拟合车道线不仅拟合精度较高，而且拟合结果的几个待定系数具有一定的物理属性。

车道线偏置示意图如图 4-22 所示。

车道线方程 $y = c_0 + c_1 x + c_2 x^2 + c_3 x^3$ 的零阶导在 $x = 0$ 处的值为系数 c_0，表示车道线在车体坐标系下距离自车坐标原点的距离，即车道线偏置量，如图 4-22 中的 c_{position}。

车道线方程的一阶导在 $x = 0$ 处的值（表示在 $x = 0$ 处的斜率）为系数 c_1。根据斜率定义可知，当斜率值较小（车

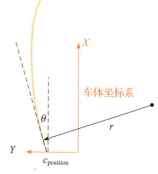

图 4-22　车道线偏置示意图

辆沿道路正常往前开或转向不明显）时，斜率值约等于切线与 x 轴的夹角（如图 4-22 所示的 θ），即车身相对于车道线的航向角约为

$$y'(0) = c_1 = \tan\theta \approx \theta$$

车道线方程的二阶导在 $x=0$ 处的值为 $2c_2$，车道线在 $x=0$ 处的曲率圆为

$$K = \frac{1}{r_0} = \frac{|y''(0)|}{(1+(y'(0))^2)^{\frac{3}{2}}} = \frac{|2c_2|}{(1+c_1^2)^{\frac{3}{2}}}$$

这里 r_0 就是车道线的曲率半径。所以，在车道线任意点 x 处的曲率圆可以表示为

$$K = \frac{1}{r} = \frac{|y''(x)|}{(1+(y'(x))^2)^{\frac{3}{2}}}$$

对于三阶导，也就是系数 c_3，主要表示曲率圆的曲率变化率。

根据上述计算曲率半径的方法，下面给出车道线曲率计算代码示例，用像素个数与实际距离的比率来替代外参。

```
1.   def cal_radius(img, left_fit, right_fit):
2.       # 图像中像素个数与实际距离的比率
3.       # 沿车行进的方向(y方向)长度大约为 30 米,按照美国高速公路的标准,车道宽度(x 方向)为 3.7 米
            (经验值)
4.       ym_per_pix = 30 / 720      # y 方向像素个数与实际距离的比率
5.       xm_per_pix = 3.7 / 700     # x 方向像素个数与实际距离的比率
6.
7.       # 计算得到曲线上每个点的坐标
8.       left_y_axis = np.linspace(0, img.shape[0], img.shape[0] - 1)
9.       left_x_axis = left_fit[0] * left_y_axis ** 2 + left_fit[1] * left_y_axis + left_fit[2]
10.      right_y_axis = np.linspace(0, img.shape[0], img.shape[0] - 1)
11.      right_x_axis = right_fit[0] * right_y_axis ** 2 + right_fit[1] * right_y_axis +
            right_fit[2]
12.
13.      # 获取真实环境中的曲线
14.      left_fit_cr = np.polyfit(left_y_axis * ym_per_pix, left_x_axis * xm_per_pix, 2)
15.      right_fit_cr = np.polyfit(right_y_axis * ym_per_pix, right_x_axis * xm_per_pix, 2)
16.
17.      # 获取真实环境中的曲率半径
18.      left_curverad = ((1 + (2 * left_fit_cr[0] * left_y_axis * ym_per_pix + left_fit_
            cr[1]) ** 2) ** 1.5) / np.absolute(
```

```
19.          2 * left_fit_cr[0])
20.      right_curverad = ((1 + (
21.              2 * right_fit_cr[0] * right_y_axis * ym_per_pix + right_fit_cr[1]) **2)
                  **1.5) / np.absolute(
22.              2 * right_fit_cr[0])
23.
24.      # 在图像上显示曲率半径
25.      cv2.putText(img, 'Radius of Curvature = {}(m)'.format(np.mean(left_curverad)),
            (20, 50), cv2.FONT_ITALIC, 1,
26.              (255, 255, 255), 5)
27.      return img
```

4.3　车道线跟踪

在检测车道线的过程中，车道线跟踪技术可以提高检测系统的鲁棒性，这也是智能辅助驾驶技术的重要组成部分。在实际行车过程中，我们常会遇到车道线缺失、模糊、被遮挡或者特征不明显等情况，以及路面颠簸造成摄像头抖动，这都会导致车道线检测结果不稳定。

由于车道线的变化是渐变的，且考虑到摄像头采集的图像帧与帧之间有着比较强的关联性，因此可以根据这个特性建立图像前后帧之间的对应关系。具体来说，在对当前帧进行预测时，可以利用上一帧的检测结果，采用滤波跟踪技术对车道线进行跟踪，从而提高车道线检测的实时性和准确性。

跟踪技术是在时间序列内，对系统的状态进行观测，并采用数学方法对系统的当前状态进行最优的估计。为了得到准确的估计值，我们通常采用估计量和观测量进行权值分配，从而得到校正后的估计量。所以，车道线跟踪可以描述为基于已有的车道线检测结果，对后续帧中车道线可能出现的位置进行预测，并对车道线跟踪模型参数进行更新，从而实现车道线的实时跟踪。车道线跟踪流程如图 4-23 所示。

图 4-23　车道线跟踪流程

4.3.1 车道线关联

摄像头的每一帧都会进行车道线检测，这可能会导致检测到的车道线与历史航迹中的车道线存在一定程度的冗余，所以需要将当前帧检测到的车道线与历史航迹中的车道线进行匹配关联。

摄像头前后两帧之间的时间间隔（30~100ms）较短，即使在高速正常运动时，车辆在该时间间隔内的水平速度也很小。基于这一特性，在车道线关联时应遵循以下原则：检测到的车道线距离自车的水平距离与跟踪得到的结果基本保持一致，即距离差值应该在一个允许的很小范围内，一般取距离差值小于 0.5m 的车道线作为候选车道线［人体所承受的最大横向加速度为（0.4~1）×9.8m/s^2］。

另外，我们还可以通过如下车道线信息构建关联方程。

1）车道线方程系数 C_0、C_1。

2）车道线序号 ID。

3）车道线在图像中的位置信息。

4）车道线的置信度得分。

5）历史车道线属性信息（如检测、预测、跟踪等信息）。

通过以上第 1 项~第 4 项属性，我们可构建当前帧检测到的车道线与历史航迹中的车道线的关联方程，完成当前检测帧与历史航迹中的车道线的跟踪匹配。匹配过程中将出现 3 种现象。

1）当前帧检测到的车道线与历史航迹中的车道线未关联上，记为新生成的车道线。

2）当前帧检测到的车道线与历史航迹中的车道线关联上，记为已有的车道线。

3）在历史航迹的车道线中有，但当前帧未能检测到，记为未检测到的车道线。

针对这 3 种不同情况，我们需要设计不同的策略来应对。针对新生成的车道线，将其加入跟踪列表，并初始化该车道线的所有属性信息；针对已有的车道线，利用当前帧更新该车道线的所有属性信息；针对未检测到的车道线，应保留观察，并根据当前帧进行预测，直到满足车道线消失条件后再删除该车道线的历史信息。

完成上述车道线关联后，我们就可以针对不同的车道线属性进行跟踪和管理。车道线状态管理流程如图 4-24 所示。

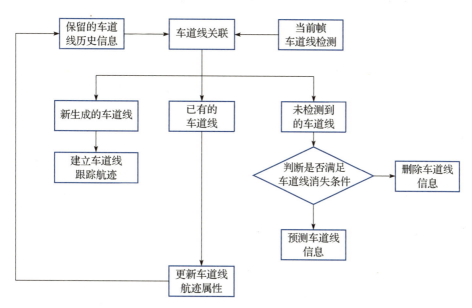

图 4-24　车道线状态管理流程

4.3.2　滤波跟踪原理

滤波是指在状态和预测方程已经给定的情况下滤除噪声干扰，从而得到最优估计的模型相关参数。模型的状态转移和状态观测可以表示为

$$x_k = F(x_{k-1}) + U_k$$

$$z_k = H(x_k) + V_k$$

其中，x_k 是模型目标状态向量，z_k 是与之相应的观测向量，U_k、V_k 分别为系统噪声和观测噪声，F 为对应的状态转移矩阵，H 为对应的观测矩阵。概率化可得

$$x_k \sim p(x_k \mid x_{k-1})$$

$$z_k \sim p(z_k \mid x_k)$$

其中，$p(x_k \mid x_{k-1})$ 为系统状态分布模型，$p(z_k \mid x_k)$ 为观测值分布模型。这就是典型的贝叶斯滤波模型，如图 4-25 所示。

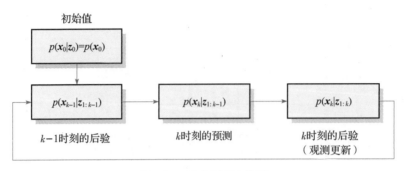

图 4-25 贝叶斯滤波模型

预测状态方程可以表示为

$$p(\boldsymbol{x}_k \mid \boldsymbol{z}_{1:k-1}) = \int p(\boldsymbol{x}_k \mid \boldsymbol{x}_{k-1}) p(\boldsymbol{x}_{k-1} \mid \boldsymbol{z}_{1:k-1}) \, \mathrm{d}\boldsymbol{x}_{k-1}$$

其中，$p(\boldsymbol{x}_k \mid \boldsymbol{z}_{1:k-1})$ 为当前预测概率，$p(\boldsymbol{x}_{k-1} \mid \boldsymbol{z}_{1:k-1})$ 为 $k-1$ 时刻的后验概率。

观测更新如下：

$$p(\boldsymbol{x}_{k-1} \mid \boldsymbol{z}_{1:k}) = \frac{p(\boldsymbol{z}_k \mid \boldsymbol{x}_k) p(\boldsymbol{x}_k \mid \boldsymbol{z}_{1:k-1})}{p(\boldsymbol{z}_k \mid \boldsymbol{z}_{1:k-1})}$$

其中，$p(\boldsymbol{x}_k \mid \boldsymbol{z}_{1:k})$ 为 k 时刻的后验概率，$p(\boldsymbol{z}_k \mid \boldsymbol{z}_{1:k-1})$ 为一个常数。所以，结合预测状态方程和观测状态方程，则有

$$p(\boldsymbol{x}_k \mid \boldsymbol{z}_{1:k}) = \alpha p(\boldsymbol{z}_k \mid \boldsymbol{x}_k) \int p(\boldsymbol{x}_k \mid \boldsymbol{x}_{k-1}) p(\boldsymbol{x}_{k-1} \mid \boldsymbol{z}_{1:k-1}) \, \mathrm{d}\boldsymbol{x}_{k-1}$$

其中，α 为 $p(\boldsymbol{z}_k \mid \boldsymbol{z}_{1:k-1})$ 的倒数，是一个常数。

4.3.3 车道线跟踪的运动模型

由于车道线在实际场景中是固定不动的，而车体坐标系的原点会随着自车的运动不断发生变化，因此可以结合自车运动信息、车道线相对自车的位置关系，构建一个基于自车坐标系的、相对自车的车道线跟踪的运动模型，并以此为基础构建车道线跟踪模型。

假设车辆运动在一个理想的结构化道路中，如高速、高架、城市主干道、城市快速路等标准道路（不涉及路口、环岛、乡间小路等特殊场景），通常情况下，上述道路又可分

为直道和弯道两种类型（见图 4-26），其中直道的道路曲率为 0，而弯道的道路曲率为 $1/R$，曲率圆的圆心为 O'。

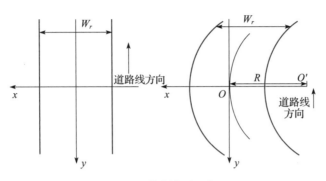

图 4-26 道路模型示意图

所以，基于自车车体坐标系的车道线跟踪的运动模型可以分为直道不换道、直道换道、弯道不换道、弯道换道。

1. 直道不换道模型

直道不换道模型是最简单的车道线跟踪的运动模型，假设以车道中心线延伸方向为 y 轴，与车道中心线垂直的方向为 x 轴，W_r 为车道宽度，如图 4-27 所示。图 4-27 中实线为 t 时刻车的位置，虚线为 $t+1$ 时刻车的位置，自车方向与车道中心线的夹角 θ 很小，可以忽略不计。

在这个模型中，自车与车道线的相对位置关系（包括水平距离 d_t 和夹角 θ_t）可以由车道线拟合模块计算得到。当自车沿直线行驶时，自车与车道线的夹角 θ 很小（甚至可以忽略），自车角速度也相对很小，可近似认为 $\omega = 0$，所以可以近似得到 $t+1$ 时刻车道线相对自车的位置关系：

$$d_{t+1} \approx d_t$$

$$\theta_{t+1} \approx \theta_t$$

上式中的约等于是因为没有绝对的直道，大曲率半径（>1000m）的道路均可认为是直道。所以，直线不换道模型是假设自车在道路 x 轴上没有任何变化。

2. 弯道不换道模型

弯道不换道模型是另一种比较简单的运动模型，同样假设以车道中心线延伸方向为 y 轴，与车道中心线垂直的方向为 x 轴，W_r 为车道宽度，如图 4-28 所示。图 4-28 中实线为 t

时刻车的位置，虚线为 $t+1$ 时刻车的位置，自车方向与车道中心线的夹角为 θ，由于不换道，自车运动的历史轨迹可以等价于弯道中心线。

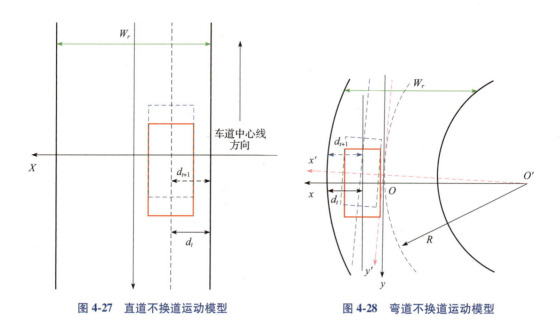

图 4-27　直道不换道运动模型　　　　　图 4-28　弯道不换道运动模型

在这个模型中自车与车道线的相对位置关系（包括水平距离 d_t 和夹角 θ_t）可以由车道线拟合模块计算得到。当自车沿车道中心线在弯道行驶时，道路的延伸方向由 y 方向变为 y' 方向。相应的，与道路方向垂直的 x 轴也由 x 方向变为 x' 方向。由于车辆沿道路中心线行驶，自车坐标系的坐标轴与道路的坐标轴保持平行，因此自车与车道线的夹角 θ 很小，可以近似认为

$$\theta_{t+1} \approx \theta_t$$

由于夹角 θ 很小，虽然自车存在角速度 ω，但 $\omega \Delta t$ 恰好和 x 轴旋转角度相等，因此可以近似地得到 $t+1$ 时刻车道线相对自车的水平距离：

$$d_{t+1} \approx d_t$$

3. 直道换道模型

换道运动相对于不换道运动来说相对复杂。以直道换道模型为例，假设以车道中心线延伸方向为 y 轴，与车道中心线垂直的方向为 x 轴，W_r 为车道宽度，如图 4-29 所示。

图 4-29 中实线为 t 时刻车的位置，虚线为 $t+1$ 时刻车的位置，自车方向与车道中心线的夹角为 θ。

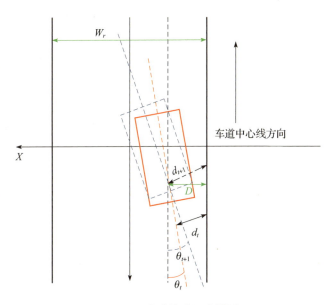

图 4-29　直道换道运动模型

由于自车在进行变道时，自车角速度为 ω，自车方向与车道中心线的夹角 θ 从 t 时刻到 $t+1$ 时刻变化为

$$\theta_{t+1} = \theta_t + \omega \Delta t$$

当自车角速度 $\omega = 0$ 时，即自车在进行直线运动，车道线在自车坐标系下的运动可以分解为沿自车运动方向和垂直于自车运动方向两个方向的分量，其中自车直线运动的距离正是车道线在自车坐标系下沿自车行驶方向的运动距离，由此可推算出在自车坐标系下 $t+1$ 时刻车道线距自车的水平距离 d'_{t+1}：

$$d'_{t+1} = d_t + V\Delta t \tan\theta_t$$

这里 V 表示自车速度，t 表示时间。在正常行驶情况下，角速度 ω、自车与车道中心线夹角是同时存在的，所以 d_{t+1} 中应包含由自车速度和角速度引起的状态变化的积分变量，即 ω 不为 0。根据图中的点线距离 D，可以得出自车坐标系下 $t+1$ 时刻车道线距自车的水平距离 d_{t+1}：

$$d_{t+1} = \frac{d'_{t+1}\cos\theta_t}{\cos\theta_{t+1}}$$

即

$$d_{t+1} = (d_t + V\Delta t\tan\theta_t)\frac{\cos\theta_t}{\cos(\theta_t + \omega\Delta t)}$$

对于不换道场景，ω 趋于 0，θ_t 也趋于 0，即

$$d_{t+1} = \lim_{\substack{\theta \to 0 \\ \omega \to 0}} (d_t + V\Delta t\tan\theta_t)\frac{\cos\theta_t}{\cos(\theta_t + \omega\Delta t)} = d_t$$

$$\theta_{t+1} = \lim_{\substack{\theta \to 0 \\ \omega \to 0}} (\theta_t + \omega\Delta t) = \theta_t$$

可以看出，ω 趋于 0 时，该模型退化为直道不换道模型。

4. 弯道换道模型

弯道换道模型是所有车道线跟踪的运动模型中最复杂的模型，涉及车道线曲率、自车角速度等多种因素。如图 4-30 所示，以车道中心线延伸方向为 y 轴，与车道中心线垂直的方向为 x 轴，W_r 为车道宽度。图 4-30 中实线为 t 时刻车的位置，虚线为 $t+1$ 时刻车的位置，自车方向与车道中心线的夹角为 θ。

自车在变道行驶中，$\omega\Delta t$ 与绕 x 轴旋转变化的角度不相等，因此在自车坐标系下车道线与自车运动方向夹角 θ 的变化可以分解为两部分：一部分为车道线在世界坐标系下的实际角度变化 $\Delta\theta'$，另一部分为自车运动方向的角度变化 $\omega\Delta t$，即

$$\theta_{t+1} = \theta_t + \omega\Delta t + \Delta\theta'$$

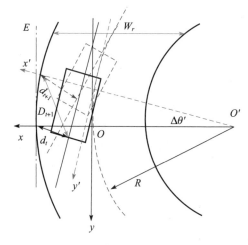

图 4-30 弯道换道运动模型

假设自车运动的过程为离散的，利用微分思想，通过 $\Delta\theta' = \dfrac{L}{R}$ 估算出车道线角度变化。首先假设车道线没有发生变化（如图 4-30 中直线 E 所示），由直道换道模型结论得出

$$d'_{t+1}=d_t+V\Delta t\tan\theta$$

图 4-30 中 $D_{t+1}=\dfrac{(d_t+V\Delta t\tan\theta_t)\cos\theta_t}{\cos(\theta_t+\omega\Delta t)}$，$D_{t+1}$ 包含 $t+1$ 时刻的自车距车道线的水平距离 d_{t+1}

和车道线在世界坐标系下的位置变化 d'''_{t+1}，即 $D_{t+1}=d_{t+1}+d'''_{t+1}$。由几何关系得知

$$v'=\frac{V\Delta t}{\cos\theta_t}$$

$$v''=D_{t+1}\sin(\theta_t+\omega\Delta t)-d'_{t+1}\sin\theta_t$$

$$v=v'+v''$$

令 $L=v$，由公式 $\Delta\theta'=\dfrac{L}{R}$ 得到

$$\Delta\theta'=\frac{L}{R}=\frac{v}{R}=\frac{\dfrac{V\Delta t}{\cos\theta_t}+D_{t+1}\sin(\theta_t+\omega\Delta t)-d'_{t+1}\sin\theta_t}{R}$$

所以，估算车道线位置就变成了求解变量 d'''_{t+1} 的问题，利用车道线曲率半径 R 和车道线坐标轴 x 到 x' 方向的变化，先计算出新坐标轴 x' 方向上车道线的位置 d''_{t+1}，由直角三角形关系得出

$$d''_{t+1}=\frac{R}{\cos\Delta\theta'}-R$$

再由图中 d''_{t+1} 和 d'''_{t+1} 为斜边的直角三角形关系得出

$$d'''_{t+1}=d''_{t+1}\frac{\cos\Delta\theta'}{\cos(\theta_t+\omega\Delta t)}$$

则 $t+1$ 时刻车道线距离自车的水平距离为

$$d_{t+1}=D_{t+1}-d'''_{t+1}=\frac{d'_{t+1}\cos\theta_t}{\cos(\theta_t+\omega\Delta t)}-\frac{d''_{t+1}\cos\Delta\theta'}{\cos(\theta_t+\omega\Delta t)}$$

$$=\frac{(d_t+V\Delta t\tan\theta_t)\cos\theta_t}{\cos(\theta_t+\omega\Delta t)}-\left(\frac{R}{\cos\Delta\theta'}-R\right)\frac{\cos\Delta\theta'}{\cos(\theta_t+\omega\Delta t)}$$

对于直线变道场景，R 趋近于 ∞ ，则公式中 $\Delta\theta'$ 趋近于 0，则有

$$\theta_{t+1} = \lim_{\Delta\theta' \to 0} (\theta_t + \omega\Delta t + \Delta\theta') = \theta_t + \omega\Delta t$$

$$d_{t+1} = \lim_{\substack{\Delta\theta' \to 0 \\ R \to \infty}} \left(\frac{(d_t + V\Delta t \tan\theta_t)\cos\theta_t}{\cos(\theta_t + \omega\Delta t)} - \left(\frac{R}{\cos\Delta\theta'} - R\right) \frac{\cos\Delta\theta'}{\cos(\theta_t + \omega\Delta t)} \right)$$

$$= \frac{(d_t + V\Delta t \tan\theta_t)\cos\theta_t}{\cos(\theta_t + \omega\Delta t)}$$

可以看出，R 趋于 ∞ 时，弯道换道模型与直道变道模型一致。

通过运动模型，我们可以完成对车道线位置的预测估计，从而构建车道线跟踪模型。

4.3.4 基于扩展卡尔曼滤波的车道线跟踪

比较常用的车道线滤波跟踪算法是卡尔曼滤波及其各种变种。卡尔曼滤波是一种线性最优滤波方法，主要通过线性系统状态方程实现对系统状态的最优估计。卡尔曼滤波基于状态噪声与观测噪声符合高斯分布假设，通过观测数据对状态量进行最优估计。这个过程可以转化为对线性系统计算最大后验概率问题。卡尔曼滤波的核心问题是建立滤波所需要的状态方程和预测方程。系统的状态方程和观测方程分别为

$$x_k = Ax_{k-1} + Bu_k + w_{k-1}$$
$$z_k = H * x_k + v_k$$

其中，x_k 为系统状态矩阵，z_k 为系统状态矩阵的观测量，u_k 为控制向量，A 为状态转移矩阵，B 为控制输入矩阵，H 为状态观测矩阵，w_{k-1} 为过程噪声，v_k 为测量噪声。w_{k-1} 和 v_k 均为高斯白噪声，协方差分别为 Q 和 R，即 $p(w) \in N(0,Q)$，$p(v) \in N(0,R)$。

系统的预测方程为

$$\hat{x}_t^- = A_t \hat{x}_{t-1}^+ + B_t u_t$$
$$P_t^- = A_t P_{t-1}^+ A_t^{\mathrm{T}} + Q_t$$

其中，P_t^- 是先验状态的误差协方差矩阵：

$$P_t^- \triangleq \mathbb{E}\left[(x_t - \hat{x}_t^-)(x_t - \hat{x}_t^-)^{\mathrm{T}} \right]$$

引入卡尔曼增益 K_t

$$K_t = \frac{P_t^- H_t^{\mathrm{T}}}{H_t P_t^- H_t^{\mathrm{T}} + R_t}$$

整个系统的更新过程可以表示为

$$x_t^+ = x_t^- + K_t(z_t - H_t \hat{x}_t^-)$$
$$P_t^+ = (I - K_t H_t) P_t^-$$

其中，I 是单位矩阵。

但由于车道线跟踪的运动模型并不全是线性模型，比如弯道场景，卡尔曼滤波并没有很好的表现，所以需要对卡尔曼滤波进行改进，如扩展卡尔曼滤波（EKF）。EKF 是在把非线性关系通过泰勒级数展开（忽略高次项）转化成（伪）线性关系基础上的卡尔曼滤波。所以，EKF 的状态方程以及观测方程可以表示为

$$x_t = f(x_{t-1}, u_t, w_t)$$
$$z_t = h(x_t, v_t)$$

假设已知 $t-1$ 时刻滤波器的输出（也就是 $t-1$ 时刻的状态后验），以及对应的协方差矩阵为

$$\hat{x}_{t-1}^+, P_{t-1}^+$$

同时，令 x_t 的先验为

$$\hat{x}_t^- = f(\hat{x}_{t-1}^+, u_t, 0)$$

对状态方程 $x_t = f(x_{t-1}, u_t, w_t)$ 在 $\hat{x}_t^-$ 处进行展开，只保留一次项：

$$x_t \approx \hat{x}_t^- + A_t(x_{t-1} - \hat{x}_{t-1}^+) + W_t w_t$$

这里 $W_t = \frac{\partial f}{\partial w_t}(\hat{x}_{t-1}^+, u_t, 0)$ 表示过程噪声矩阵。

同时对观测方程 $z_t = h(x_t, v_t)$ 在 $\hat{z}_t^-$ 处泰勒展开，只保留一次项：

$$z_t \approx \hat{z}_t^- + H(x_t - \hat{x}_t^-) + V_t v_t$$

其中，$V_t = \dfrac{\partial f}{\partial v_t}(\hat{x}_{t-1}^+, u_t, 0)$ 表示测量噪声矩阵。

所以，EKF 的预测方程以及状态协方差矩阵为

$$\hat{x}_t^- = f(\hat{x}_{t-1}^+, u_t, 0)$$
$$P_t^- = A_t P_{t-1}^- A_t^{\mathrm{T}} + W_t Q_t W_t^{\mathrm{T}}$$

其中，噪声项满足如下分布：

$$W_t w_t \sim N(0, W_t Q_t W_t^{\mathrm{T}})$$

所以，EKF 卡尔曼增益可以表示为

$$K_t = \frac{P_t^- H_t^{\mathrm{T}}}{H_t P_t^- H_t^{\mathrm{T}} + V_t R_t V_t^{\mathrm{T}}}$$

整个系统的更新过程可以表示为

$$x_t^+ = x_t^- + K_t(z_t - h(\hat{x}_t^-, 0))$$
$$P_t^+ = (I - K_t H_t) P_t^-$$

基于 EKF 的车道线跟踪模型构建可以分为 4 步。

1）在车道线跟踪的运动模型中直接引入高斯误差模型，以进行车道线运动状态的更新或者预测。

2）结合视觉检测测量值和车辆或摄像头姿态传感器提供的车辆速度等信息，利用车道线跟踪的运动模型中的预测位置，产生一个测量预测值。

3）在观测期间，对实际得到的车道线特征和测量预测的期望特征进行最佳匹配。

4）最后利用卡尔曼滤波将这些匹配信息进行融合，以更新车道线状态信息。

下面给出一段基于 EKF 的车辆在直道场景下换道的车道线跟踪示例代码，定义状态代码如下：

1. 定义状态向量为:[x,y,theta,speed,omega] #x,y 为车体坐标系下的车道线点,speed 为车速,omega 为自车转角,theta 为自车与车道中心线的夹角

```
2.   观测向量为:[dist, speed,omega]
3.   则 f(x_{k-1},u_k,0) = [[x_{k-1}+cos(theta)*speed*deltaT],
4.                         [y_{k-1}+sin(theta)*speed*deltaT],
5.                         [theta_{k-1}+omega*deltaT],
6.                         [speed_{k-1}],
7.                         [omega_{k-1}]]
8.   f 的雅各比矩阵为:A = [[1 0 -sin(theta_{k-1}*speed_{k-1})*deltaT cos(theta_{k-1})*deltaT 0]
9.                        [0 1 cos(theta_{k-1})*speed_{k-1}*deltaT sin(theta_{k-1})*deltaT 0]
10.                       [0 0 1 0 deltaT]
11.                       [0 0 0 1 0]
12.                       [0 0 0 0 1]]
13.
14.  观测方程 h(x_k,0) = [[(x_k)**2+(y_k)**2],
15.                       [speed],
16.                       [omega]]
17.
18.  h 的雅各比矩阵为:H = [[2*x, 2*y, 0, 0, 0],
19.                       [0, 0, 0, 1, 0],
20.                       [0, 0, 0, 0, 1]]
```

定义状态方程，代码如下:

```python
1.  def state_forward(x_t):
2.      """状态方程,将上一时刻状态映射为当前时刻状态
3.      """
4.      a, b, theta, s, omega = x_t
5.      xt_next = np.array([
6.          a+np.cos(theta)*s*Delta_t,
7.          b+np.sin(theta)*s*Delta_t,
8.          (theta + omega*Delta_t),
9.          s,
10.         omega
11.     ]).reshape(-1, 1)
12.     return xt_next
13.
14. def get_A(x_t):
15.
16.
17.     a, b, theta, s, omega = x_t.reshape(-1)
18.     A = np.array([
19.         [1., 0, -np.sin(theta)*s*Delta_t, np.cos(theta)*Delta_t, 0],
20.         [0, 1, np.cos(theta)*s*Delta_t, np.sin(theta)*Delta_t, 0],
21.         [0, 0, 1, 0, Delta_t],
22.         [0, 0, 0, 1, 0],
```

```
23.          [0, 0, 0, 0, 1]
24.      ]).astype(float)
25.      return A
26.
27. def get_H(x_t):
28.
29.
30.      a, b, theta, s, omega = x_t.reshape(-1)
31.      H = np.array([
32.          [2*a, 2*b, 0, 0, 0],
33.          [0, 0, 0, 1, 0],
34.          [0, 0, 0, 0, 1]
35.      ]).astype(float)
36.      return H
```

卡尔曼滤波部分代码如下：

```
1.  # 以下是卡尔曼滤波的过程
2.  for i in range(N_steps):
3.
4.      x_t_ = state_forward(x_t)          # 预测方程
5.      A = get_A(x_t)
6.      P_t_ = A@ P_t@ A.T + Q             # 预测状态向量的协方差矩阵
7.
8.      zt = np.array([dist_w_noise[i], zs_w_noise[0][i], zs_w_noise[1][i]]).reshape(-1, 1)
                                           # 当前时刻的观测值
9.      zth = np.array([x_t_[0]**2+x_t_[1]**2, x_t_[3], x_t_[4]]).reshape(-1, 1)
                                           # 当前时刻测量值的预测值
10.
11.      H = get_H(x_t_)
12.      S_t = H@ P_t_@ H.T+R
13.      S_t_ = np.linalg.inv(S_t)
14.      K = P_t_@ H.T@ S_t_                # 卡尔曼增益
15.      x_t = x_t_ + K@ (zt-zth)           # 更新方程
16.
17.      P_t = P_t_ - K@ H@ P_t_            # 更新状态向量的协方差矩阵
18.
19.      kf_result.append(x_t)
```

虽然 EKF 是非线性模型，但由于其仅仅是一阶近似，当观测近似点与实际车道线点偏差较大（如大弯道或者急加/减速）时，一阶近似的误差可能会比较大。此外，EKF 中每个矩阵的大小会随着车道线观测点的数量增多而呈平方级增长，所以一般在实际应用的时候采用其他 KF 变种，如误差状态卡尔曼滤波器或平方根卡尔曼滤波器。这些变种的具体用法和 EKF 类似。

4.3.5　车道线结构化假设

从车道线检测、2D 到 3D 的转换、曲线拟合到车道线跟踪等一系列操作都是基于单车道线进行的，但实际上车辆的控制是基于双车道线的，即自车左右两侧都有车道线。所以在完成车道线跟踪之后，我们还需要进行一些非算法操作来对车道线进行修正，即采用一些车道线结构化假设对左右车道线进行修正。

如图 4-31 所示，假设左右车道线可以表示为

$$\begin{cases} y_{\text{left}} = a_0 + a_1 x + a_2 x^2 + a_3 x^3 \\ y_{\text{right}} = b_0 + b_1 x + b_2 x^2 + b_3 x^3 \end{cases}$$

式中，a_i、b_i 分别表示左侧车道线和右侧车道线的待定系数。根据车道线的一些几何结构，有如下几何特性：平行假设、等宽假设、遮挡假设等。

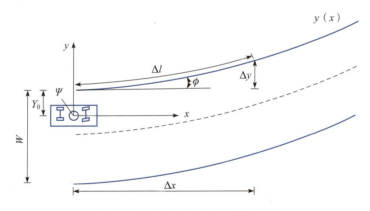

图 4-31　车道线结构化运动模型图

1. 几何特征相似性假设

由于车道线是静态固定的，在世界坐标系下车道线参数一直保持不变，因此当车辆行驶在高速、高架、城市主干道等标准道路上时，左右车道线的几何特性是相似的，即左右车道线彼此平行，且在给定区域内车道的宽度是一致的。所以在某一点 x_0 处，有 $a_1 = b_1$；且对于车道线上任意的 x_i，有 $|a_0| + |b_0| = W_c$，其中 W_c 为车道宽度（城市道路每条车道

宽度为3.5m，交叉口支路车道宽度为2.3~2.5m，城市主干道/高速公路的车道宽度为3.75m，路肩/高速公路紧急停车带宽度为1.5~2.5m），由于帧间隔时间很短，车道宽度 W_c 在帧间的变化可以忽略不计，即车道宽度 W_c 是恒定的。

根据《道路交通安全法》的规定，针对高速场景，车辆最大速度120km/h，最小速度60km/h。在此规定下，弯道曲率的极限最小半径为650m，一般最小半径为1000m。当弯道曲率半径为650m时，车辆前方视距范围60m内的车道线均可视为直线；当弯道曲率半径大于650m时，车辆前方更远距离范围车道线也可以视为直线。

假设弯道曲率半径 r 为650m，弧 $\overset{\frown}{AB}$ 长60m，弧 $\overset{\frown}{AB}$ 对应的圆心角为 θ，DA 是弧 $\overset{\frown}{AB}$ 在 A 点的切线，D 为 OB 延长线与切线 DA 的交点。

根据图4-32可知

$$\frac{\overset{\frown}{AB}}{2\pi r} = \frac{\theta}{360°}$$

所以，

$$\theta = \frac{\overset{\frown}{AB} \times 360}{2\pi r}$$

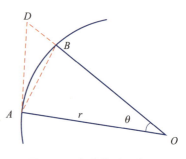

图 4-32　弯道模型示意图

所以，

$$|AD| = r\tan\theta = 650 \times \tan\left(\frac{\overset{\frown}{AB} \times 360}{2\pi r}\right) = 60.171$$

$$|AB| = 2r\sin\frac{\theta}{2} = 2 \times 650 \times \sin\left(\frac{\overset{\frown}{AB} \times 360}{4\pi r}\right) = 59.979$$

当转弯半径为650m时，用切线段 DA 和弦 AB 的长度分别取代弧长 $\overset{\frown}{AB}$ 时，对应误差分别为

$$\frac{\left||AD| - \overset{\frown}{AB}\right|}{\overset{\frown}{AB}} = \frac{60.173 - 60}{60} = 0.285\%$$

$$\frac{\left||AB| - \overset{\frown}{AB}\right|}{\overset{\frown}{AB}} = \frac{60 - 59.979}{60} = 0.032\%$$

所以，转弯部分标志线 *AB* 可以近似使用直线来替代，误差很小，能够满足车道线检测精度。

对于城市场景，我们可以根据车道线之间的系数，将车道线分为近场车道线和远场车道线。城市场景中的车道线跟踪难点在于近场车道线与远场车道线之间的转折点。从大量道路实验图像中，可以总结出车道线结构化的特点：根据城市道路检测标准，一般高架场景，车辆前方摄像头视距 40m 以内的弯道、导流线都可以近似为直线。

由于车道线的长度不会因为目标的遮挡而发生变化，因此可以将单帧检测中被遮挡的车道线的长度补齐。如图 4-33 所示的直道场景中，右侧车道线被车辆遮挡，导致在 BEV 视角下实际看到的左侧车道线长度大于右侧车道线长度。在这种情况下，我们可以利用几何特性，对右侧车道线长度进行预测弥补。

图 4-33　车道线遮挡示意图

对车道线进行延长主要是从车道线曲线的两个端点处出发，沿着垂直于端点处法线的方向进行延长。扩展长度需要根据车道线本身的状态进行适当调整。这段长度相对于已检出的车道线曲线长度而言是比较短的，根据前面的推论，可以直接采用直线方程来延长。

$$y_c = \frac{L(t_i)_y - P_{s|y}}{L(t_i)_x - P_{s|x}}(x_c - P_{s|x}) + P_{s|y}$$

$$y_f = \frac{L(t_i)_y - P_{e|y}}{L(t_i)_x - P_{e|x}}(x_f - P_{e|x}) + P_{e|y}$$

式中，y_c 为车道线起点处向自车驶来方向延长线的 y 方向坐标，x_c 为车道线起点处向自车驶来方向延长线的 x 方向坐标；y_f 为车道线终点处向自车运动方向延长线的 y 方向坐标，x_f 为车道线终点处向自车运动方向延长线的 x 方向坐标；$L(t_i)_x$、$L(t_i)_y$ 分别表示计算车

道线曲线时，第 i 个采样点的 x、y 方向的坐标值；$(P_{s|x}, P_{s|y})$、$(P_{e|x}, P_{e|y})$ 分别表示原始曲线起点、终点的坐标值。

但几何相似性假设在车道分叉、车道汇入、车道变化等场景下并不完全行成立。如图 4-34 所示的车道发生变化时，在关注左右车道线的同时，还需要关注自车车道中心线与邻车道中心线的相对关系以及与路沿的相对关系，主要关注曲率 a_2、b_2 和曲率变化率 a_3、b_3。

图 4-34 车道变化示意图

2. 多帧信息构建

虽然车道线跟踪也利用了历史帧信息，但仅仅是利用车辆的运动信息来构建车道线跟踪的运动模型，并没有充分利用历史帧信息。为了提高历史帧信息的利用率，我们可以利用帧间位置的变换，将历史帧中的车道线点转换到当前帧车体坐标系中，构建多帧重投影误差。假设观测窗口长度为 k，多帧重投影误差为

$$\text{error}_{\text{reproj}} = \sum_{i=1}^{k} sK(R_{v2c}\Delta R_i X_i + T_{v2c}) - U_i$$

$$X_i = R_{i2k}X + T_{i2k}$$

$$\Delta R_i = f(\Delta y_i, \Delta p_i, \Delta r_i)$$

其中，K 为摄像头内参，R_{v2c} 和 T_{v2c} 是车体坐标系与摄像头坐标系之间的旋转矩阵和平移矩阵；ΔR_i 是第 i 帧时刻车体坐标系与地面坐标系之间的旋转矩阵，由第 i 帧时刻车体坐标系与地面坐标系之间的欧拉角偏差计算得到；U_i 是第 i 帧时刻检测到的车道线像素点；X 表示当前帧时刻地面坐标系下的 3D 点坐标；X_i 为利用姿态信息计算得到 3D 点坐标在第 i 帧时刻地面坐标系下的坐标。

通过图优化可以求解多帧重投影误差，从而构建稳定的地平面位置模型，并且根据几何特性，可以求解出较好的基于第 1 帧时刻车体坐标系的车道线参数方程，如图 4-35 所示。

图 4-36 可以看成基于平面假设、宽度一致性、遮挡假设、多帧运动等构建的车道线平面模型示意图。

图 4-35　多帧信息构建后的平面信息　　　　　图 4-36　多帧车道线平面构建

4.4 车道线与辅助驾驶功能

4.4.1 C-NCAP2021 与车道线

　　C-NCAP2021 标准对与车道线相关的功能（如 LKA、LDW）做了具体的要求。LKA 和 LDW 测试场景可以分为向左向右偏离虚车道线和向左向右偏离实车道线测试。在这些测试过程中，车辆会以 0.2m/s、0.3m/s、0.4m/s、0.5m/s 的横向速度分别在左右两侧偏离车道线，如图 4-37、图 4-38 所示。

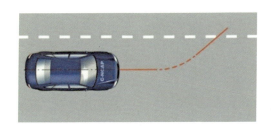
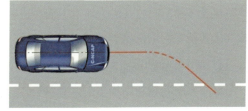

图 4-37　在左右两侧偏离虚车道线场景

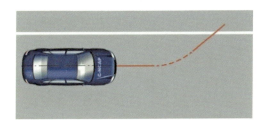
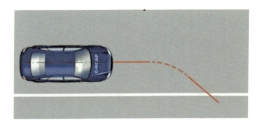

图 4-38　在左右两侧偏离实车道线场景

　　对于 LKA 功能测试，评估指标是轮胎最外侧边缘到车道线外侧的距离。在测试过程中，测试车辆向车道的左侧（或右侧）逐渐偏离，测试通过的标准是轮胎的最外侧边缘不应超过车道线外侧 0.2m。每个测试点按组进行试验，每组需重复开展 3 次试验，如果三次试验均通过则判定该测试点通过。而且每个测试点最多开展两组试验。以"实线−左侧−80−0.2"测试点得分率进行举例说明，该点测试得分率 = 1×（1/8）×（8/16）。所以，LKA 功能得分可以表示为

$$LKA\ 功能得分 = 所有测试点得分率之和 \times 3$$

对于 LDW 功能测试，每个测试点按组进行试验，每组重复开展 3 次试验，如果 3 次试验均通过则判定该测试点通过。而且每个测试点最多开展两组试验。以"实线−左侧−80−0.6"测试点得分率进行举例说明，该点测试得分率 = 1×（1/4）。所以，LDW 功能得分可以表示为

$$LDW\ 功能得分 = 所有测试点得分率之和 \times 2$$

4.4.2　车道线偏离预警

不管是 LKA 还是 LDW 等功能，它们都是用来对车道线偏离进行预警的功能，这里将介绍车道线偏离预警模型。大多数车道线偏离预警模型是通过从图像中获取车道线检测信息，并将其转换到世界坐标系下，然后基于建立的车道线跟踪模型进行分析。车道线偏离预警包含 3 种不同的方法：基于车辆在道路图像中当前位置的方法、基于未来偏离量差异的方法和基于车辆横越车道时间的方法。

1. 基于车辆在道路图像中当前位置的方法

基于车辆在道路图像当前位置（Car's Current Position，CCP）的方法形象直观，其基本原理是利用车辆相对于道路图像中车道线的位置，计算得到车辆相对车道线中心线的距离，以此来识别车辆是否偏离车道线行驶。假设汽车的行驶轨迹平行于车道线方向，车辆中心轴线与车道中心线之间的距离为 a，车辆宽度为 b，车道线之间宽度为 y，可以求得车辆所在位置相对于左右车道线的距离。

$$\begin{cases} \Delta y_{\text{left}} = \dfrac{y}{2} - \left(a + \dfrac{b}{2}\right) \\ \Delta y_{\text{right}} = \dfrac{y}{2} + \left(a + \dfrac{b}{2}\right) \end{cases}$$

其中，Δy_{left} 表示车辆左侧和左侧车道线之间的距离，Δy_{right} 表示车辆右侧和右侧车道线之

间的距离。当 $\Delta y_{\text{left}}>0$ 且 $\Delta y_{\text{right}}>0$ 时，表示车辆处于正常行驶状态，未发生车道偏离；当 $\Delta y_{\text{left}}<0$ 或 $\Delta y_{\text{right}}<0$ 时，表明车辆有一侧越过车道线，即出现了车道偏离，系统发出警报。

2. 基于未来偏离量差异的方法

基于未来偏离量差异（Future Offset Difference，FOD）的方法利用了趋势预测技术，根据车道横向位移变化来判断当前时刻车辆是否发生了偏离，如图 4-39 所示。这种方法记录了驾驶员的驾驶习惯，将驾驶员转弯时习惯的偏移量加入虚拟车道边界的计算中，以便更准确地判断是否发生了变向。如果驾驶员在行驶中没有转向时偏离的习惯，那么虚拟车道线即真实车道线，不会影响偏离决策的准确性。

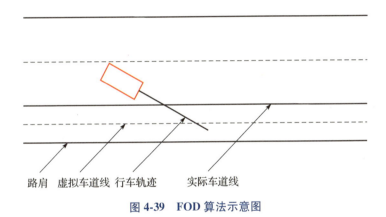

路肩　虚拟车道线　行车轨迹　实际车道线

图 4-39　FOD 算法示意图

假设 L_{pre} 为车辆横向位置的预测值，L_{virtual} 为靠近车辆的虚拟车道边界，当 $L_{\text{pre}}>L_{\text{virtual}}$ 时系统发出警报，提醒驾驶员车辆发生偏离，计算如下：

$$L_{\text{pre}} = L_{\text{real}} + TL_v$$

$$T = \frac{L_{\text{virtual}} - L_{\text{excepted}}}{L_v}$$

其中，L_{real} 是当前车辆的横向位置，L_v 是车辆横向位移速度，T 为预计时间，L_{excepted} 是预计发出报警时车辆所处的横向位置。

3. 基于车辆横越车道时间的方法

基于车辆横越车道时间（Time to Lane Crossing，TLC）的方法能够实现在车辆可能偏离车道之前发出警报。首先利用已有数据建立一个将来时间段的车辆运动模型，然后通过已经检出车道线的位置，估计车辆穿过车道线的时间，从而判断是否需要发出警告以及决策何时发出警告。TLC 算法模型包括两种。

（1）假设车辆行驶方向不变

假设车辆速度为v，将其正交分解——与车道线方向垂直的速度 v_{lateral} 和与车道线方向一致的速度 v_p，$y(t)$ 为 t 时刻车辆头部中心在道路中的横向位置，则时间 T 后，车辆的位置计算为

$$y(t+T) = y(t) + v_{\text{lateral}}T$$

其中，$y(t)$ 是通过车道检测结果得到的，v_{lateral} 是通过之前车道线位置计算得到的，所以，$t+T$ 时刻车辆头部距离车道线左右两侧的横向位置分别为

$$y_{\text{left}}(t+T) = y(t+T) - W_{\text{vehicle}}$$
$$y_{\text{right}}(t+T) = y(t+T) + W_{\text{vehicle}}$$

如果在 $t+T$ 时刻，恰好有车道线处于位置区间 $\left[y_{\text{left}}(t+T), y_{\text{right}}(t+T)\right]$，而在其他时刻 $t+t'$，$0 \leqslant t' \leqslant T$，位置区间 $\left[y_{\text{left}}(t+t'), y_{\text{right}}(t+t')\right]$ 没有车道线，则将时刻 T 称为车辆穿过车道线的时间。

这一模型假设了车辆行驶方向固定（见图 4-40），明显不符合实际，属于一种理想的模型，不具有实用价值。

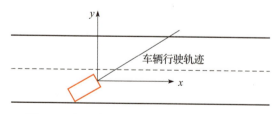

图 4-40　假设车辆行驶方向不变的 TLC 方法

（2）假设驾驶员打方向盘的转向角度是固定的

这样的假设考虑了驾驶员的驾驶习惯，但是这种驾驶行为通常不会保持较长时间，因为驾驶员往往只在较短时间内保持一定的方向盘转向角度。

如图 4-41 所示，假设 t 时刻车辆速度为 $v(t)$，将其正交分解——与车道线方向垂直的速度为 $v_{\text{lateral}}(t)$ 和与车道线方向一致的速度 $v_{\text{leng}}(t)$，$y(t)$ 为 t 时刻车辆头部中心在道路中的横向位置，$a(t)$ 为 t 时刻车辆的横向加速度，θ 为 t 时刻车辆轨迹与车道中心线的夹角，r_θ 为对应 θ 的车辆行驶轨迹的曲率半径，所以车辆行驶的轨迹方程为

$$y(t+T) = y(t) + v_{\text{lateral}}(t)T + 0.5a(t)T^2$$

其中，

$$v_{\text{lateral}}(t) = v(t)\sin\theta$$

$$a(t) = \frac{v_{\text{leng}}^2(t)}{r_\theta}$$

由于车辆宽度已知，结合上述 3 个公式，可以计算出车辆越过车道线所需的时间 $(t+T)$，这里的 T 就是所谓的 TLC。

在计算得到 TLC 时，我们可以通过设置一定的阈值，判断车辆是否发生偏离，是否发出警报。

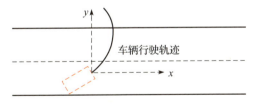

图 4-41 假设方向盘转向角度不变的 TLC 方法

4.4.3 常见问题以及解决方法

实际车道线工程化过程中可能会出现各类意想不到的问题。这些问题可能是算法开发导致的，也可能是逻辑失误导致的的。这里结合本人开发中的一些经验，将车道线工程化中常见的问题进行归纳总结，并针对同类问题提出相应的解决思路。

问题 1：车道线系数存在抖动现象

在车辆静止状态下，录制的车道线曲线存在抖动现象，尤其是当车辆斜停在道路上（即车辆与车道线不平行）时，如图 4-42 所示。另外，当车辆运动时，连续多帧的车道线系数 C_0、C_1、存在抖动现象，且抖动范围超出期望阈值，过大的抖动会导致 LKA 等功能退出，如图 4-43 所示。

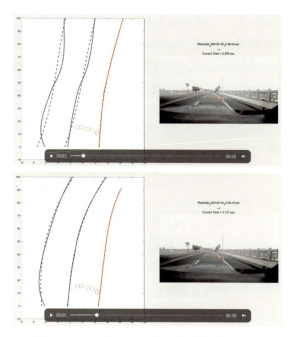

图 4-42　车辆静止状态下的车道线抖动现象

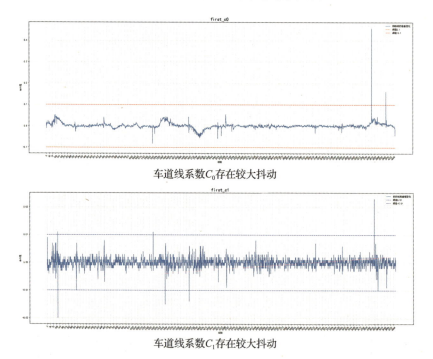

车道线系数C_0存在较大抖动

车道线系数C_1存在较大抖动

图 4-43　车道线系数 C_0、C_1 存在大的抖动

造成车道线系数波动的情况常常包括如下几种：1）地面标线或者其他噪声的干扰，导致网络端可能输出错误的车道线点，如果后处理没有将这些噪声彻底剔除干净，会使拟合结果存在较大的偏差，从而导致车道线系数波动，如图 4-44 所示；2）在将 2D 像素信息投影到 BEV 视图下时，如果实时外参与原始外参不一致，会导致计算时采用错误的外参，或者在计算过程中两帧图像之间实时外参存在较大的波动，这将导致车道线系数波动；3）对于前向摄像头检测出的车道线，需要将其延伸到车体坐标系的原点处，当车道线为虚线时，近端的延伸可能会出现偏差，这也会导致拟合出现偏差，从而导致车道线系数波动。

图 4-44　地面标线导致的拟合错误

针对此类问题，我们可以先从模型端的输出进行检查，确定模型输出的车道线是否存在错乱等问题，如果模型输出的车道线存在错乱等问题，那么就需要有针对性地补充数据集，如地面标线或者标线文字等数据在样本库中的占比较小，可能会导致网络模型输出的车道线包含噪声信息，我们可以适当增加类似的数据。如果从模型端无法解决，我们需要从后处理角度来处理。

1）在计算时，引入车速信息和方向盘转角信息，以对车道线状态进行判断（如车辆静止状态下，车道线系数不会发生变化）。

2）利用历史帧信息，对车道线进行点的轨迹关联，对成功关联上的点进行拟合，以剔除当前帧离散的车道线点，并采用低通滤波方法，对车道线系数进行平滑，确保 C_0、C_1、C_2 的偏差在阈值范围内；同时给出每帧的 C_0、C_1 置信度，从而得出该车道线的可信度。

3）考虑左右车道线信息，利用车道宽度进行约束，并结合先验车道宽度信息（前一帧或前几帧），保证 C_0 的稳定性，然后基于自车左右车道线平行约束条件对左右车道线系数 C_1 相近的车道线强行设置 C_1、C_2 相等（可信度高的车道线权重较高），确保车道线系

数 C_1、C_2 的一致性。低通滤波前后 C_2 系数的变化示例如图 4-45 所示。

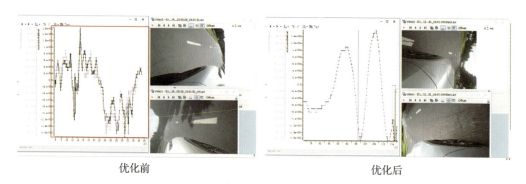

优化前　　　　　　　　　　　　　　优化后

图 4-45　低通滤波前后 C_2 系数的变化

问题 2：左右侧车道线系数测量值相差较大

当车辆停在车道中间时，理论上左右车道线系数 C_0 的绝对值偏差不大，但在某些情况下，左右车道线系数 C_0 测量值可能会存在较大差异；而当车辆正常运行中，左右车道线系数 C_1 也可能存在一定偏差，或者左右侧车道线系数 C_0 变化不一致（见图 4-46），这些情况都可能导致 LKA 功能的退出或者出现画龙现象。

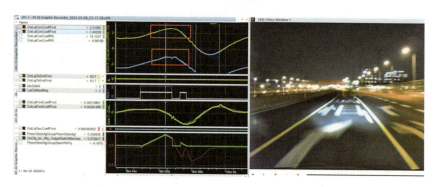

图 4-46　左右侧车道线系数 C_0 变化不一致问题

类似的问题还有感知测量的车道宽度与实际车道宽度差别较大，边缘车道宽度不一致，路沿与车道宽度异常等。

造成此类问题的原因可能有几种：标定参数错误导致左右车道线系数 C_0 不一致；道路结构发生变化（如单双线变化）导致车道线中心线发生偏移，从而使车道线系数 C_0、C_1 发生波动。

针对此类问题，首先需要排查摄像头成像畸变模型是否选取正确，不合适的摄像头成像畸变模型会导致图像左右边缘畸变效果不一致的问题出现。在模型训练时，直接标注车道线内边缘信息，这样可以避免车道线结构变化（变双线/粗线）导致的拟合波动。另外，地面坡度可能会给 roll 角带来影响，从而使左右车道线系数 C_0 出现波动。所以，我们需要对 roll 角进行补偿，利用自车的车身信号（如车速信息、方向盘转角信息）计算出自车与车道中心线的夹角，基于车道宽度的约束，确保当一侧偏置变化时，另一侧也会出现相应的变化。

问题 3：车道线不清晰或被遮挡时，车道线拟合不佳

光照或遮挡等因素可能会导致车道线拟合效果不佳。图 4-47 所示的夜晚场景或者图 4-48 所示的车道线质量问题，都可能导致出现车道线拟合不佳问题。类似还有当单线变双线时，车道线被误检成两根；近端车道线偏移较大（或者出现两根车道线），远端车道线飘动，与实际车道线贴合度较差等；当车道线分叉合并时，车道线出现跳动，这些都会导致 C_0 值有明显的波动。

图 4-47 夜晚场景下车道线混乱

图 4-48 车道线质量差

这种问题的出现可能有多种原因：1）光照不好（如夜晚场景）时，图像特征质量不明显，可能导致网络检测出错误信息，进而导致拟合不佳；2）车道线被遮挡或者车道线质量不佳时，缺乏明显的车道线特征，导致网络模型对车道线的预测可能存在偏差，最终使拟合出现偏差。

针对此类问题，除了增加一些数据（如夜间数据等），以增强模型的泛化能力外，我们还可以从后处理的角度进行修复：1）接入车身信息，如在跟踪模块中引入自车横向运动，同时利用上一帧的信息进行车道宽度预测，确保左右车道线 C_0 的变化趋于一致；2）对于车道线被遮挡问题，首先确保未被遮挡的车道线拟合的准确性，利用历史帧信息和车道行驶信息，预测自车前方车道线，以确保自车所在车道线最短长度满足 LKA 等功能要求的最短车道线长度；3）对于分叉口，根据自车所在车道将 Y 字形车道线与公共部分进行拟合，并利用车道线跟踪过程中的车道线生命周期进行监控，如果是新车道线，可以监控并给出一个置信度比较低的 flag；4）在完成车道线拟合后，利用道路拓扑结构进行约束，剔除过短、过近的车道线等；5）采用标定平滑策略，如果出现动态标定角度过大的现象，利用历史帧的动态标定参数，减小当前帧标定参数引起的偏差。

问题 4：车道线过短

在有些双线场景或者弯道场景下，当车道线投影到车体坐标系后，我们会发现车道线过短（见图 4-49），只有 30m 左右，车道线过短会影响下游功能的判断。

图 4-49　弯道场景下车道线过短

这类问题出现有两种原因：一种是遮挡（围栏遮挡或者车体遮挡）导致实际模型检出的车道线较短，在 BEV 投影下时无法有效地进行脑补；另一种是在线标定模块给出错误的标定参数，导致出现车道线过短。

　　针对这类问题，首先判断车道线曲率，一般高速的匝道曲率半径为 650m，而高架的最小弯道曲率半径为 250m，所以可以判断车辆是否处于弯道，如果车辆确实处于弯道，系统应给出弯道场景属性，并执行减速操作；当左右两条车道线长度不一致时，可以采用车道线平行脑补的策略，将短的车道线平行脑补到长的车道线长度。对于 60m 以外的车道线，我们完全可以采用车道线平行脑补的策略。图 4-50 所示为 BEV 投影下车道线平行关系与图像中车道线平行关系对应示意图。

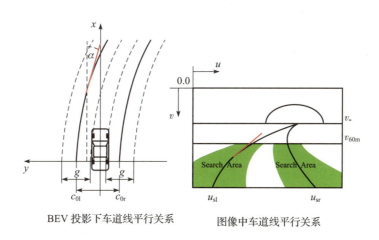

BEV 投影下车道线平行关系　　　　　图像中车道线平行关系

图 4-50　BEV 投影下车道线平行关系与图像中车道线平行关系对应示意图

Chapter 3 第 5 章

视觉障碍物后处理

在智能驾驶领域，视觉障碍物检测和后处理模块是感知的重要组成部分。该模块主要负责探测车身周围的车辆、行人、骑行人等交通参与者的距离和行为，同时识别交通信号灯和交通标识牌的类别，为智能驾驶系统提供可靠的环境感知信息。本章将首先介绍视觉障碍物检测方法及其发展，然后重点介绍障碍物后处理模块中的视觉测距方法和目标跟踪方法，并对红绿灯和交通标识牌的相关视觉后处理方法进行讲解，最后结合智能驾驶功能，对量产中常见的问题进行策略应对讲解。

5.1 视觉障碍物检测

障碍物检测是计算机视觉中最根本、最具挑战性的问题之一，也是自动驾驶中的另一个重要课题。

障碍物检测的发展历程可以分为两个主要阶段：基于传统图像算法的障碍物检测方法，基于深度学习的障碍物检测方法。

5.1.1 基于传统图像算法的障碍物检测方法

基于传统图像算法的障碍物检测方法可以概括为以下几个关键步骤：首先采取滑动窗

口的方式遍历整张图像，得到一定数量的候选框；然后通过传统的图像处理算法从这些候选框中提取特征；最后利用支持向量机（SVM）等机器学习的分类方法对提取到的特征进行分类，以得到最终的检测结果。由于该检测方法缺乏有效的图像表示手段，通常需要通过设计复杂的手工特征进行目标表示。整体检测流程如图 5-1 所示。典型的基于传统图像算法的障碍物检测方法主要有 Viola Jones 检测器、HOG 检测器、基于部件的可变形模型（Deformable Part Model，DPM）。

图 5-1　基于传统图像算法的障碍物检测流程

1. Viola Jones 检测器

Viola Jones 检测器利用 Haar-like 特征和积分图进行特征提取，使用 Adaboost 算法训练分类器、级联分类器。在检测过程中，假设存在一个滑动窗口，该窗口在待检测的图像中不断滑动，每到一个新位置就会计算出该区域的 Haar-like 特征，然后将这些特征送入预先训练好的级联分类器进行筛选。如果一个区域的 Haar-like 特征通过了所有级联分类器的筛选，则判定该区域为目标区域。

所谓"Haar-like 特征"，是指一种基于像素强度差异的纹理特征，其本质就是白色像素点集（高亮度）与黑色像素点集（低亮度）的差值。图 5-2 展示了 5 种不同的 Haar-like 特征。一个 Haar-like 特征模板由两个或多个全等的黑白矩形相邻组合而成。这些特征模板可以位于窗口的任意位置，且大小任意改变。所以，一个 Haar-like 特征值由 Haar 特征算子的类别、矩形的位置、矩形的大小 3 个要素所决定。

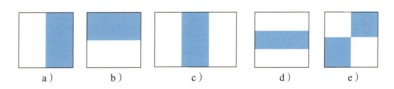

图 5-2　5 种不同的 Haar-like 特征

Haar-like 特征有一个主要的缺陷是特征值数量太多。这会导致两个问题：一个是计算量显著增加，另一个是不能有效地区分正负样本。

为了解决第一个问题，积分图概念被引入。对于一幅灰度图，积分图中任意一点的值代表从原图像的左上角到该点所构成的矩形区域内的所有像素点的灰度值之和。对于图像中的任一点 (x, y)，其积分值 $ii(x, y)$ 可以定义为：

$$ii(x, y) = \sum_{x' \leqslant x, y' \leqslant y} i(x', y')$$

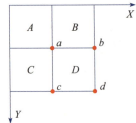

其中，$i(x', y')$ 为点 (x', y') 处的灰度值。所以，对于图 5-3 展示的 A、B、C、D 四块区域，其中 a、b、c、d 表示区域 D 的 4 个顶点，ii_a、ii_b、ii_c、ii_d 分别表示这 4 个点对应的积分值，所以区域 D 的积分图可以表示为：$\mathrm{Sum}(D) = ii_d + ii_a - (ii_b + ii_c)$，也就是区域 D 内所有像素的灰度值总和。

图 5-3 图像区域积分图求解示例

根据上述公式可以得出如下结论：当积分图引入后，计算图像的 Haar-like 特征值仅仅只受相对应的积分值的影响，而与图像所在位置的坐标变换以及像素值没有关联，这样可以显著缩短计算特征值的时长。

为了能够很好地区分正负样本，我们需要选择最优的弱分类器进行特征筛选。最简单的弱分类器可能只是一个单一的 Haar-like 特征，通过比较输入图像的 Haar-like 特征值与原始弱分类器的特征值，判断该输入图像是否为正样本。给出弱分类器的结构

$$h_j(x, g, p, \theta) = \begin{cases} 1, & p_j g_j(x) < p_j \theta_j \\ 0, & \text{其他} \end{cases}$$

其中，x 为特征窗口；p 为不等式的不同方向，取值为 1 和 -1；g 为矩形窗口所对应的 Haar-like 特征值；θ 为弱分类器的判断阈值。

训练最优弱分类器的过程本质上是在寻找最佳的分类器阈值，使该分类器对所有样本的判断误差最低，具体操作过程如下。

1）对于每个特征 g，计算所有训练样本的特征值。

2）将计算出的特征值进行排序。

3）对排好序的所有样本进行逐元素统计：

a. 假设 m 为正样本的数量，全部正样本的权重 T^+ 为

$$T^+ = \frac{1}{2m}$$

b. 假设 l 为负样本的数量，全部负样本的权重 T^- 为

$$T^- = \frac{1}{2l}$$

c. 令某一元素前面所有正样本的权重和为 S^+。

d. 该元素前面所有负样本的权重和为 S^-。

4）选取当前元素的特征值和它前面的一个特征值之间的数值作为阈值，这样得到的分类器会在当前元素处把样本分为两部分，也就是说这个阈值对应的弱分类器会将当前元素之前的所有元素分为正样本（或负样本），而把当前元素之后的所有元素分为负样本（或正样本）。该阈值的分类误差为

$$\mathcal{C} = \min\left(S^+ + (T^- - S^-), S^- + (T^+ - S^+)\right)$$

这样就得到了分类误差的最优阈值，也获得了第一个最优弱分类器。它可以筛选出最好的 Haar-like 特征值。

由于弱分类器只是具有有限分类能力的分类器，并不能对所有的样本进行准确分类，所以我们需要构建一个由多个弱分类器组成的强分类器。训练步骤如下。

1）对样本训练集进行初始化。

训练样本集为 $(x_1, y_1), \cdots, (x_n, y_n)$，其中 $y_i \in \{0, 1\}$ 是正负样本标志，1 表示正样本，否则为负。

2）根据正负样本数初始化样本权重。

正样本初始权重 $w_{1,i} = \frac{1}{2m}$，负样本初始权重 $w_{1,i} = \frac{1}{2l}$，其中 m、l 分别为正样本和负样本的总数，$w_{t,j}$ 表示第 t 次算法迭代，第 j 个训练样本的权重，初始化权重得

$$w_{t,i} = \frac{w_{t,i}}{\sum\limits_{j=1}^{n} w_{t,j}}$$

各弱分类器 h_j 对所有样本特征 j 检测结果的加权错误率 ε_j 计算公式如下：

$$\varepsilon_j = \sum_{i=1}^{n} w_{t,i} \left| h_j(x_i) - y_i \right|$$

将加权错误率 ε_t 进行最小化计算，选择最佳特征对应的弱分类器 h_j，并将此弱分类器作为本轮训练最佳弱分类器。根据分类器的检测结果，更新样本权重 $w_{t+1,i} = w_{t,i} \beta_t^{1-e_i}$，其中 $\beta_t = \dfrac{\varepsilon_t}{1-\varepsilon_t}$。当样本 i 分类正确时，$\varepsilon_i = 0$，反之 $\varepsilon_i = 1$。

3）最后的强分类器可以记为

$$H(x) = \begin{cases} 1, & \sum_{t=1}^{T} \alpha_t h_t(x) \geqslant \dfrac{1}{2} \sum_{t=1}^{T} \alpha_t \\ 0, & 其他 \end{cases}$$

其中，$\alpha_t = \log \dfrac{1}{\beta_t}$，$T$ 表示最高的迭代次数。

通过上述流程可以构建一个强分类器，然而强分类器并不是分类器最终的结构，其精度仍有提升空间。为了进一步提高分类器的精确度与检测效率，我们可以使用级联方法将多个强分类器组合成级联分类器，即 Adaboost 分类器，其结构如图 5-4 所示。

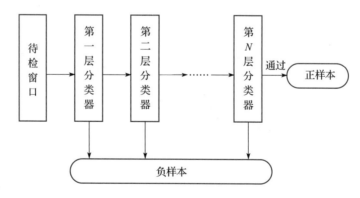

图 5-4　级联分类器结构

为了满足大尺寸图像的检测需求，我们需要对图像进行多尺度检测。多尺度检测是通过不断调整搜索窗口的大小，使其与训练时的图片大小相匹配，并逐步扩大搜索窗口进行搜索。这样产生的大量子窗口会经过级联分类器的第一个节点进行筛选（抛弃或通过），形成最终的分类结果。一般 Haar-like 特征检测常用于行人或者人脸检测，下面给出 OpenCV 提供的人眼检测代码：

```
1.   #加载分类器
2.   eye_cascade=cv2.CascadeClassifier(cv2.data.haarcascades,'haarcascade_eye.xml')
3.   #加载检测图片
4.   img=cv2.imread(imagename)
5.   gray = cv2.cvtColor(img, cv2.COLOR_BGR2GRAY)
6.   #通过分类器对图片进行目标检测
7.   eyes = eye_cascade.detectMultiScale(gray,scaleFactor=1.3,minNeighbors=5)
8.   #标注眼睛所在区域
9.   for (x, y, w, h) in eyes:
10.      img=cv2.rectangle(img, (x, y), (x + w, y + h), (0, 255, 0), 2)
```

2. HOG 特征+SVM 分类器

HOG 特征与 SVM 分类器结合，曾经是图像识别领域的标准"法器"，尤其是在行人和车辆检测方面。HOG 特征检测的核心思想是局部物体形状可通过光强梯度或边缘方向的分布来描述。通过将整幅图像划分为小的连接区域（被称为 cell），每个 cell 都会产生一个方向梯度直方图来反映 cell 中像素的边缘方向。这些直方图的集合就构成了所检测目标的 HOG 特征。这里的 HOG 特征也可以是 LBP、Haar、Sift、Surf 等其他特征。

获取 HOG 特征的具体计算步骤如下。

1）计算图像的梯度：梯度是通过结合图像尺寸和角度信息来获得的。对于一幅图像，首先计算每个像素的 G_x 和 G_y。

$$G_x(r,c)=I(r,c+1)-I(r,c-1)$$
$$G_y(r,c)=I(r-1,c)-I(r+1,c)$$

其中，r 为像素点的横坐标，c 为像素点的纵坐标，$I(r,c)$ 为图像点的像素值。在计算 G_x 和 G_y 后，可以计算每个像素的梯度幅值和角度：

$$M(u)=\sqrt{G_x^2+G_y^2}$$
$$\mathrm{Arg}(\theta)=\left|\tan^{-1}(G_y\left|G_x\right.)\right|$$

下面给出 OpenCV 提供的核大小为 1 的 Sobel 算子实现的计算图像水平和垂直梯度的代码：

```
1.  #导入图像
2.  img = cv2.imread(imagename,0)
3.  #计算水平和垂直梯度
4.  gx=cv2.Sobel(img,cv2.CV_32F,1,0,ksize=1)
5.  gy=cv2.Sobel(img,cv2.CV_32F,0,1,ksize=1)
6.  #计算梯度图像与角度图像
7.  m,arg=cv2.cartToPolar(gx,gy)
```

2）计算像素大小为 8×8 的梯度直方图：在获得每个像素的梯度后，整幅图像的梯度矩阵会被划分为 8×16 个像素大小为 8×8 的 cell，如图 5-5 所示。之所以把图像划分为 8×8 像素大小的 cell 是因为 8×8 的像素大小可以捕捉到局部的纹理信息，同时便于捕捉细微的空间特征。另外，64(8×8) 个像素值为特征提取提供了一个合适的尺度。每个像素包含 2 个梯度值（大小和方向），所以每个 cell 有 128 个梯度值［64(像素)×2(梯度值)］。这 128 个梯度值使用 9-bin 直方图来表示，不仅更简洁，而且具有更强的鲁棒性。

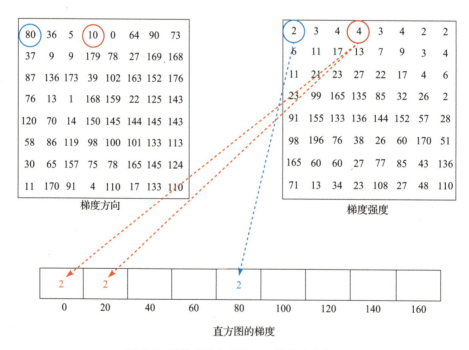

图 5-5　计算像素大小为 8×8 的梯度直方图

3）直方图归一化：在创建梯度直方图时，梯度对图像的整体亮度是敏感的。如果将所有像素值除以 2 来使图像变暗，则梯度矩阵的元素将减半，导致直方图中对应的像素数量也减半。理想情况下，特征描述符不受光照变化的影响。通过归一化直方图可消除光照变化的影响。所以，在计算 HOG 特征时，我们可以将 9-bin 的直方图特征看成一个 9×1 矢量并进行归一化。而对于一个像素为 16×16 的图像块，可通过将 4 个直方图级联成一个 36×1 的矢量进行归一化，最终得到一个归一化的 36×1 维的向量。

4）计算 HOG 特征向量：计算整个图像的 cell 后得到最终特征向量。假设整张图像调整到 64×128 像素大小，那么它将包含 7 个水平方向和 15 个垂直方向的像素为 16×16 的图像块，共 105 个。每个 16×16 像素的图像块均被矢量化为 36×1 维的向量，最终将所有图像块的向量串联起来，形成一个 3780 维的特征向量。

HOG 特征提取完后，通常使用 SVM（Support Vector Machine）对特征进行分类。SVM 是一种常见的监督学习算法，其核心目标是在特征空间找到一个最优的超平面。该超平面将不同类别的样本点尽可能地分开。超平面可以看成一个决策边界，用于对新的未标记数据进行分类预测。SVM 通过选择一组支持向量来确定分类边界。这组支持向量是距离超平面最近的训练样本点，从而实现对样本的有效分类。SVM 的特点如下。

- 可以处理高维特征空间，并且在处理高维数据时表现良好。
- 通过引入核函数，可以将低维非线性可分问题映射到高维空间进行线性分类，从而提高分类准确率。
- 鲁棒性较强，对一些噪声和异常值具有一定的容忍度。

SVM 分类示意图如图 5-6 所示。

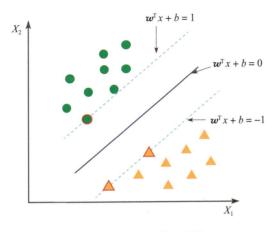

图 5-6　SVM 分类示意图

SVM 属于机器学习中重要的有监督方法，这里不做详细介绍。下面给出 SVM 训练代码：

```
1.  from sklearn.svm import LinearSVC, SVC
2.  import numpy as np
3.  import joblib
4.  # 加载正样本 train_feat_pos_lists 为正样本特征列表
5.  for feat_pos in train_feat_pos_lists:
6.      feat_pos_data = joblib.load(feat_pos)
7.      X.append(feat_pos_data)
8.      y.append(1)
9.
10. # 加载负样本 train_feat_neg_lists 为负样本特征列表
11. for feat_neg in train_feat_neg_lists:
12.     feat_neg_data = joblib.load(feat_neg)
13.     X.append(feat_neg_data)
14.     y.append(0)
15.
16. clf = LinearSVC(dual = False)
17. clf.fit(X, y)
18. clf.score(X, y)
19.
20. joblib.dump(clf, os.path.join(model_path, 'svm.model'))
```

3. 基于部件的可变形模型

基于部件的可变形模型（Deformable Part Model，DPM）是一种基于组件的目标检测算法。这种模型通过将目标对象分解成若干部件的组合来直观地呈现，如将人类建模为头部、身体、手、腿的组合。

DPM 可以看成 HOG 特征的扩展。HOG 算法专注于整个物体的特征表示。DPM 不仅关注检测物体整体的特征表示，还关注物体的各个部位（如人的手、脚、头）的特征表示。这样可以应对现实生活中物体变化、人的各种动作、车的各种形状、不同的视角和光照等问题。

DPM 思路与 HOG 算法大体一致。首先计算图像中局部区域的梯度方向直方图，然后使用 SVM 训练得到不同物体部件的梯度模型，最后通过部件的梯度模型组合来检测物体。这个部件的梯度模型实质上是一个与 DPM 特征向量维数相同的向量，可以直接用来对新样本进行分类。

DPM 首先采用 HOG 算法进行特征的提取。与 HOG 不同的是，DPM 只保留了 HOG 中的 cell。如图 5-7 所示，假设一个像素大小为 8×8 的 cell，将该 cell 与其对角线邻域的 4 个 cell 做归一化操作。提取 cell 中有符号的 HOG 梯度，将在 0°～360° 内产生 18 个梯度向量；提取 cell 中无符号的 HOG 梯度，将在 0°～180° 内产生 9 个梯度向量。因此，一个像素大小为 8×8 的 cell 将会产生 108 维特征。下面给出降维方法。

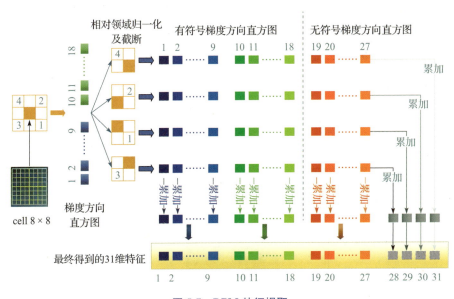

图 5-7　DPM 特征提取

首先提取无符号的 HOG 梯度，将会产生 36 维特征，将这些特征看成一个 4×9 的矩阵，然后分别对行和列进行相加求和，最终生成 13 个特征向量。为了提高精度，将提取的 18 维有符号的 HOG 梯度特征加进来，这样就得到 31 维梯度特征（这些特征构成了 DPM 的特征向量）。

DPM 检测步骤如图 5-8 所示。首先对于任意一张输入图像，提取其 DPM 特征图，然后将原始图像进行高斯金字塔的上采样处理，并提取相应的 DPM 特征图。接着将原始图像的 DPM 特征图与训练好的根滤波器算子做卷积操作，从而得到根滤波器模型的响应图。对于经过高斯金字塔 2 倍上采样得到的图像的 DPM 特征图，与训练好的组件滤波器算子做卷积操作，从而得到组件滤波器模型的响应图。之后对组件滤波器模型的响应图进行高斯金字塔的下采样操作，以便使其与根滤波器模型的响应图具有相同的分辨率。最后将根滤波器模型和组件滤波器模型的响应图进行加权平均，得到最终的响应图。在响应图中，亮度越大表示响应值越大，即该区域与训练模型的匹配程度越高。

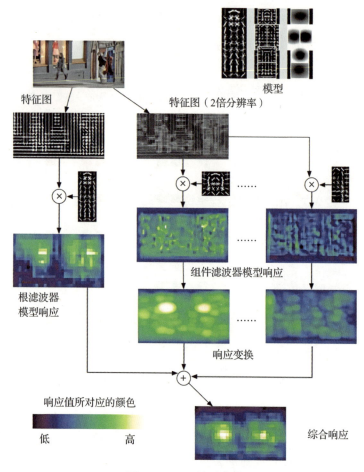

图 5-8　DPM 检测步骤

这里给出综合响应分数的计算公式：

$$\mathrm{score}(x_0,y_0,l_0)=R_{0,l_0}(x_0,y_0)+\sum_{i=1}^{n}D_{i,l_0-\lambda}(2(x_0,y_0)+V_i)+b$$

其中，x_0、y_0、l_0 分别为锚点的横坐标、纵坐标和尺度；$R_{0,l_0}(x_0,y_0)$ 表示根滤波器的响应分数，其本质是 DPM 特征图与根滤波器算子的卷积；$D_{i,l_0-\lambda}(2(x_0,y_0)+V_i)$ 表示组件滤波器的响应分数；$2(x_0,y_0)+V_i$ 表示第 i 个组件滤波算子映射到 2 倍上采样得到的图像的

DPM 特征图坐标，$2(x_0, y_0)$ 表示组件模型的分辨率为原始的 2 倍，V_i 为锚点和理想检测点之间的偏移系数；b 表示不同模型组件之间的偏移系统，用于与根滤波器模型进行对齐。

为了更直观地说明 DPM，这里提供一个检测人体的根滤波器模型、组件滤波器模型和空间模型示意图。如图 5-9 所示，左侧展示了根滤波器模型，中间展示了组件滤波器模型，右侧展示了空间模型。

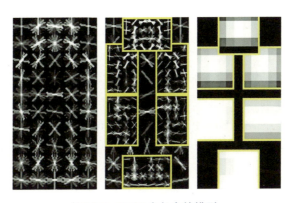

图 5-9　DPM 中包含的模型

图 5-9 包含一个 8×8 分辨率的根滤波器模型（用于表示人的整体特征），以及 4 个 4×4 分辨率的组件滤波器模型。这些组件滤波器模型的分辨率是根滤波器模型的 2 倍，所以它们能够捕捉到更细的梯度信息。右图展示的是组件滤波器模型经过高斯滤波后的 2 倍空间模型。可以看出，根滤波器模型描述的是人的整体特征。为了更好地检测人的头部、手部、脚部等局部特征，DPM 还设计了组件滤波器模型。组件滤波器的个数和部件可以依据具体需求自行定义。

为了更好地表示组件滤波器检测到的局部特征，DPM 引入了组件滤波器模型与根滤波器模型之间的位置偏移（即偏移系数）。图 5-9 空间模型中的每个方框中心代表一个锚点，即组件模型的理想位置。组件模型距离其理想位置越远，偏移量越大综合响应得分就越小。所以，偏移系数本质上是使用根滤波器模型和组件滤波器模型的空间先验知识来调整检测的准确性。

组件滤波器模型的响应分数计算如下：

$$D_{i,l}(x,y) = \max(R_{i,l}(x+dx, y+dy) - d_i \cdot \phi_d(dx, dy))$$

其中，(x, y) 表示训练的理想模型位置，$R_{i,l}(x+dx, y+dy)$ 表示组件模型的匹配得分，$d_i \cdot \phi_d(dx, dy)$ 表示组件的偏移损失得分，d_i 表示偏移损失系数，$\phi_d(dx, dy)$ 表示组件滤波器模型的锚点与组件滤波器模型的理想检测点之间的距离。上述公式简单说，就是在组件滤波器模型理想位置 (x, y) 的一定邻域内，寻找一个使综合匹配和形变成本最低的位置。这个公式表明，如果组件滤波器模型的响应越高，且各组件与其相应的锚点距离越小，则该锚点位置的响应分数越高，越可能是待检测物体的位置。

5.1.2　基于深度学习的障碍物检测方法

基于传统图像算法的障碍物检测方法面临两个问题：基于滑动窗口的区域选择策略缺乏针对性，时间复杂度高，窗口冗余；设计的特征对于多样性的变化没有很好的鲁棒性。所以，2012 年卷积神经网络（Convolutional Neural Network，CNN）的出现迅速取代了人工提取特征方法，使目标检测得到迅速发展。深度学习方法不是本书的重点，这里简单介绍几个经典或者在实际应用中被广泛改进的网络。

1. CNN-based 目标检测方法

RCNN（Region Convolutional Neural Network）被认为是基于深度学习的障碍物检测的开山之作。它通过对图像进行局部区域处理，利用选择性搜索方法从一组候选框中选择出可能的候选框，然后将这些候选框的图像调整到固定尺寸，并输入到 CNN 进行特征提取，最后让 CNN 来判断候选框中是否包含目标，以及目标的具体类型。图 5-10 所示为 RCNN 结构示意图，其中 Warped Region 表示对候选区域进行仿射图像扭曲。

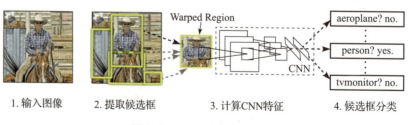

1. 输入图像　　2. 提取候选框　　3. 计算CNN特征　　4. 候选框分类

图 5-10　RCNN 网络示意图

RCNN 生成的候选框有大量重叠，这会导致特征计算的冗余。为了解决这个问题，K. He 等人提出了一种新的网络结构 SPPNet。该网络是在卷积层和全连接层之间引入了一种空间金字塔池化层（Spatial Pyramid Pooling Layer），以实现对输入图像的固定长度表示。SPPNet 将一张图像分成若干尺度的图像块（比如一张图像分成 1 份、4 份、8 份等），然后将每个图像块提取的特征融合在一起，从而兼顾多个尺度的特征。当使用 SPPNet 进行目标检测时，整个图像只需计算一次即可生成相应特征图。不管候选框尺寸如何，经过 SPPNet 之后都能生成固定尺寸的特征图，这避免了卷积特征图的重复计算，也减小了反复缩放图像对检测结果造成的影响。SPPNet 结构示意图如图 5-11 所示。

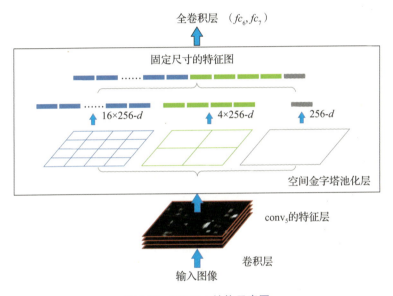

图 5-11　SPPNet 结构示意图

和 RCNN 类似，SPPNet 的训练过程也是分多阶段训练的，即先训练 CNN 以提取特征，然后使用 SVM 对这些特征进行分类。这类方法需要很大的存储空间，同时多阶段的训练流程也比较复杂。另外，SPPNet 只能对全连接层进行微调，很难对 SPP 层之前的网络进行微调，导致效率降低。所以，2015 年 R. Girshick 等人对 RCNN 与 SPPNet 算法进行了进一步改进，提出了基于感兴趣区域（Region Of Interest，ROI）池化层的 Fast RCNN 算法，使得检测的速度和精度大大提升。

Fast RCNN 首先将图像输入 CNN 提取特征，并确定 ROI，在 ROI 中运用 ROI 池化层以确保每个区域的尺寸相同，最后将这些区域的特征送入全连接层进行分类，并用 Softmax 和线性回归函数同时返回目标的 Bounding-box（Bbox），如图 5-12 所示。

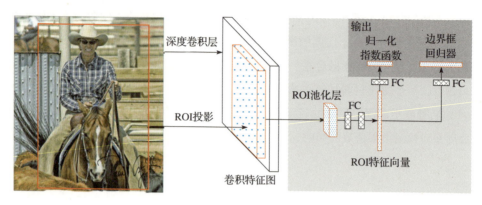

图 5-12　Fast RCNN 网络示意图

　　但 Fast RCNN 仍然使用选择性搜索算法来寻找 ROI，这一过程相对较慢，所以就有了使用 CNN 模型直接生成候选框的 Faster RCNN。

　　Faster RCNN 通过引入区域生成网络（Region Proposal Network，RPN）代替了选择性搜索，实现了端到端的训练，极大地提升了检测框的生成速度，减少了训练和测试所需的时间。Faster RCNN 首先将图像输入 CNN 生成该图像的特征图，接着在特征图上采用 RPN 返回目标区域和对应的响应分数，并采用 ROI 池化层将所有的区域信息池化到相同的尺寸，并最终传递到全连接层，生成目标的边界框，如图 5-13 所示。

　　Faster RCNN 因其精度高、速度快等特点，在 BEV（Bird's Eye View）算法流行前，也是量产中被改进较多的算法之一，如在其基础上增加特征金字塔网络（Feature Pyramid Network，FPN）、Cascade 级联技术等，以达到量产工程化的要求。

　　YOLO v1 是另一个经典的网络，它是不依赖锚点（anchor-free）检测方法的开山之作。YOLO v1 是将图像划分为多个网格，每个网格同时预测边界框并给出相应的类别信息，例如某个待检测目标的中心落在图像中所划分的一个单元格内，那么该单元格负责预测该目标的位置和

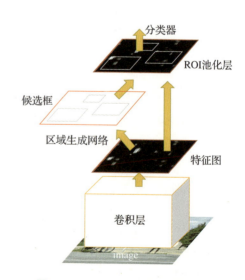

图 5-13　Faster RCNN 结构示意图

类别，如图 5-14 所示。

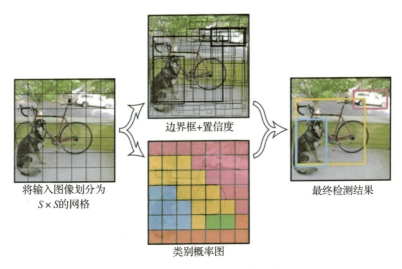

将输入图像划分为
$S \times S$ 的网格

边界框+置信度

类别概率图

最终检测结果

图 5-14　YOLO v1 网格划分示意图

SSD（Single Shot multiBox Detector）是一阶段检测的另一个经典方法。它继承了 YOLO 将目标检测转化为回归问题的思路，同时一次性完成网络的训练。SSD 还借鉴了 Faster RCNN 中的 Anchor（锚点）概念，提出了相似的先验框机制；同时还加入了基于特征金字塔的检测方式。这种方法允许使用不同的检测分支检测多个尺度的目标，对小目标检测精度较好。图 5-15 展示了 SSD 网络结构示意图。

YOLO v3 在 YOLO 系列中比较经典，也是工业界应用比较广泛的检测网络之一。YOLO v3 保留了 YOLO v2 中的多尺寸训练、坐标预测等关键操作，并融合了 YOLO v2 的 Darknet19 和 ResNet 的设计思想，提出了 Darknet53 网络架构。此外，它用 Logistic 函数取代 Softmax 函数来实现对象分类，并创新性地借鉴了 FPN 的思想，利用 3 个不同尺度/不同感受野的特征图去检测不同尺寸的对象。由于 YOLO v3 具有较快的速度和较高的精度，因此基于 YOLO v3 的应用和变种比较多，如追求更轻量化、更高速度的 YOLOv3_MobileNetv1（使用 MobileNet v1 替换 Darknet53）；追求更高精度，同时速度不变的 YOLOv3_ResNet50vd_DCN（使用 ResNet50-VD 替换 Darknet53）；还有用 IOU、GIOU、DIOU 和 CIOU 等方法替换 YOLO v3 中均方误差（MSE）作为 Logistic 函数来提升目标定位精度等。

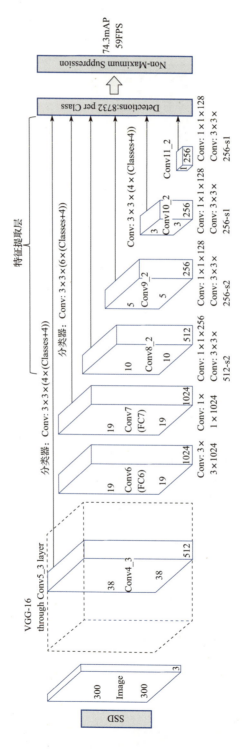

图 5-15 SSD网络结构示意图

YOLO v4 和 YOLO v5 也是 YOLO 系列中应用比较广泛的两个网络。相比于 YOLO v3、YOLO v4 在输入端引入 Mosaic 数据增强、CmBN（Cross min-Batch Normalization）、SAT（Self-Adversarial Training）等操作。在特征提取网络上，YOLO v4 结合了 CSPDarknet53、Mish 激活函数、Dropblock 等各种新的方式。在检测头中，YOLO v4 引入了 SPP 模块，并借鉴了"FPN+PAN"结构。在预测阶段，YOLO v4 用 CIOU 作为网络的边界框损失函数，同时将 NMS（Non-Maximum Suppression）换成了 DIOU_NMS 等。这些操作使 YOLO v4 在保持实时性的同时还能有较高的精度。YOLO v5 则继续发扬 YOLO v4 的集大成精神，将各种先进技巧进行整合，显著提升了对目标的检测性能。虽然 YOLO v5 相比于 YOLO v4 在性能上稍微逊色，但灵活性和速度远超 YOLO v4，且方便部署。图 5-16 给出了 YOLO v4 网络结构示意图。

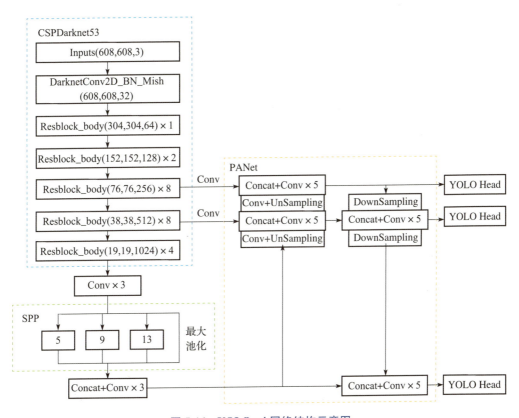

图 5-16　YOLO v4 网络结构示意图

FCOS（Fully Convolutional One-Stage）是 Anchor-free 方法中比较经典的网络，结构如

图 5-17 示。FCOS 引入了语义分割中逐像素回归预测的思路，既不依赖于锚点（Anchor）也不依赖于建议框（Proposal），有效减少了设计参数，避免了复杂的 IOU 计算以及基于 Anchor 的超参设定，从而有效地加快了计算速度。同时，FCOS 还结合多尺度特征和中心点打分（Center-ness）等策略，在提高召回率的同时消除了低质量边界框，有效地提高了性能。

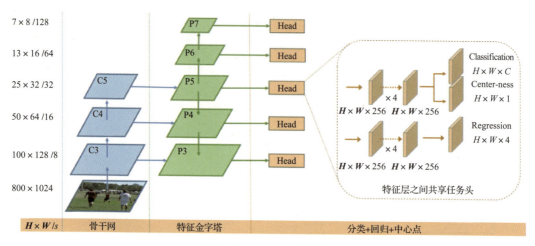

图 5-17　FCOS 网络结构

2. Transformer-based 目标检测方法

以上基于 Proposal、Anchor 或者 None Anchor 的方法都属于传统的目标检测范畴。它们通常需要或至少需要 NMS 来对网络输出结果进行后处理，涉及复杂的调参过程。目前流行的基于 Transformer 的方法是通过预测损失实现真正意义上端到端的目标检测方法，如 DETR（DEtection TRansformer）等。图 5-18、图 5-19 给出了 DETR 网络结构示意图。

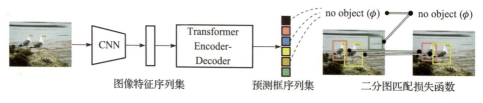

图 5-18　DETR 简化的网络结构示意图

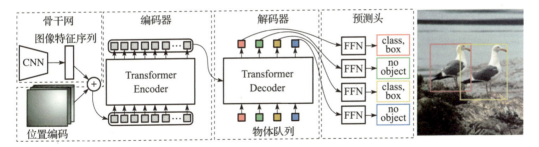

图 5-19　DETR 详细的网络结构示意图

从图 5-19 可以看出，DETR 是通过一个 CNN 对输入图片提取特征，然后将特征图展平输入 Transformer 的编码器-解码器（Encoder-Decoder），如图 5-20 所示。在 Transformer 编码器部分，网络可以更好地去学习全局特征，然后利用 Transformer 解码器以及对象查询从特征中学习要检测的物体，并将检测结果和真值进行二分图匹配，最后在匹配结果上计算分类损失和位置回归损失。

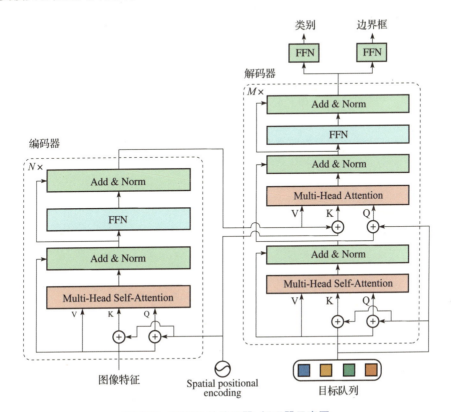

图 5-20　DETR 的编码器-解码器示意图

DETR 是 Transformer-based 的开山之作，存在很多瑕疵，如较长的训练收敛时间、小目标识别能力不佳等。针对这些问题，研究者提出了多种 DETR 改进版本。TSP（Transformer-based Set Prediction）受 FCOS 和 Faster RCNN 的启发，其网络结构中仅包含编码器，并引入了 TSP-FCOS 和 TSP-RCNN。此外，它还将 CNN 的局部特征表示与 Transformer 的不同分辨率的全局特征融合在混合网络结构 Conformer 等。本书重点不在深度学习，所以这里不做过多介绍。

5.2 障碍物测距

在通过目标检测网络得到检测结果后，我们需要将检测出的 2D Bbox 转换到 3D 坐标系下，并计算出目标在车体坐标系下的距离信息，以便进行下游的融合以及相关功能的实现。这里的障碍物测距并不涉及深度学习模型直接推理出的 3D Bbox 和深度估计信息，而是涉及通过像素尺寸或者物理方法进行传统意义上的距离测量。

障碍物测距方法有很多种，包括相似三角形测距法、基于目标物理尺寸的测距法以及车道线测距法等。这些方法的本质都离不开摄像头成像模型成像原理和对应的几何关系，如图 5-21 所示。由几何关系可知，只要世界坐标系中点 P 在 $\overrightarrow{o_c P_1}$ 射线上，那么最终都会投影到图像的 p 点。这意味着从 3D 转换到 2D 的投影过程中，丢失了深度信息。所以，基于传统的单目测距方法仅仅是对距离进行估算，无法得到精准的距离信息。

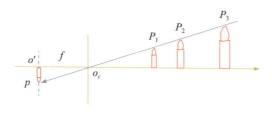

图 5-21　摄像头成像模型成像原理示意图

5.2.1 车辆测距

车辆是智能驾驶场景中最常见的交通参与者，其类别具体分为以下几类，如表 5-1 所示。

表 5-1　车辆细分类别

车辆类别	类别定义	特性
car_normal	常见的 A~D 轿车、SUV	尺寸大小几乎一致
car_other	皮卡、面包车等	无明显一致性
bus	公交车、大巴、中巴、小巴	外形相似
truck_normal	厢式货车，车厢为集装箱	车厢为标准车厢
truck_other	其他不带车厢或者车厢不规则的货车、工程车	无明显一致性
van	车头与车身连成一体的车辆，如救护车、房车等	无明显一致性
motocycle	电动车、摩托车	速度接近、外形接近
bicycle	自行车	速度较慢
tricycle	电动三轮车、农用三轮车、脚蹬三轮车	速度较慢、3 个轮子
autocycle	电动滑板车、电动平衡车	速度较慢

通过对车辆类别进行细分，我们可以依据不同类别车辆的特征，设计出更有效的测距方式。这里专门对车辆的几种测距方法进行介绍。

1. 相似三角形测距法

相似三角形测距法是最基本、最简便的方法。它是在已知摄像头参数内参（K）、旋转矩阵（R）、平移矩阵（T）的前提下，通过图像坐标 p 推理得出对应的世界坐标 P。

假设自车摄像头的光轴平行于路面，摄像头距离路面高度为 H（见图 5-22），在距离摄像头的前方 Z_1 和 Z_2 的地面上分别有车辆 B 和车辆 C。

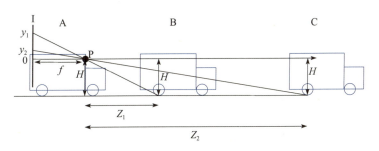

图 5-22　相似三角形测距法

根据相似三角形的几何关系，车辆 B 的接地点在自车摄像头成像平面上的位置 y_1 满足

$$y_1 = \frac{fH}{Z_1}$$

所以，车辆 B 距离自车摄像头的距离 Z_1 可以表示为

$$Z_1 = \frac{fH}{y_1}$$

其中，f 为焦距。这里的接地点通常指车尾/车头框的下底边的中心点，如图 5-23 所示。根据第 3 章介绍的坐标转换关系，这里的 Z_1 实际为摄像头坐标系下的测量值，y_1 为图像坐标系下的测量值，所以需要将图像坐标系下的测量转换到摄像头坐标系。另外，由于测距通常基于车体坐标系下进行，所以我们还需要将摄像头坐标系下的测量值转换到车体坐标系下，如图 5-24 所示。为了更好地统一表述，后文不再区分像素坐标系和图像坐标系，如涉及像素坐标的会单独强调。

图 5-23　接地点示意图

图 5-24　相似三角形测距法涉及的坐标系转换流程

下面给出一段计算图像点横纵距离的示例代码：

```
1.    void RunDistanceWithFov(const cv::Point2f &input_pt, cv::Point2f &output_dis) {
2.        double deg_value = 0;
```

```
3.      if (input_pt.y > v0_) {
4.          deg_value = atan((input_pt.y - v0_) * 2 * VFOV_down_ / image_height_);
5.      } else {
6.          deg_value = -atan((v0_ - input_pt.y) * 2 * VFOV_upper_ / image_height_);
7.      }
8.      output_dis.y = (camera_height_ / tan(dynamic_pitch_angle_ + deg_value));
9.
10.     if (output_dis.y < 0) output_dis.y = 0;
11.
12.     double sqrt_val = sqrt(camera_height_ * camera_height_ + output_dis.y * output_dis.y);
13.     if (input_pt.x > u0_)
14.         output_dis.x = (sqrt_val * (input_pt.x - u0_) * HFOV_right_ * 2 / image_width_);
15.     else
16.         output_dis.x = (sqrt_val * (input_pt.x - u0_) * HFOV_left_ * 2 / image_width_);
17.
18.     output_dis.x /= 1000.0;
19.     output_dis.y /= 1000.0;
20.   }
```

对于图像中的任一点，假设已经求解了摄像头动态的标定参数，所以该点去畸变后的测距示例代码如下：

```
1.    // 给单个点测距
2.    void RunDistanceEstimation(const CameraParameter &config_calib,
3.                               const cv::Point2f &input_pt, cv::Point2f &output) {
4.       // 动态 pitch 角
5.       dynamic_pitch_angle_ = config_calib.pitch;
6.       // 动态 yaw 角
7.       dynamic_yaw_angle_ = config_calib.yaw;
8.       // 俯仰角和偏航角转换成弧度
9.       dynamic_pitch_angle_ = (90.0 - dynamic_pitch_angle_) * 3.1415926 / 180;
10.      dynamic_yaw_angle_ = dynamic_yaw_angle_ * 3.1415926 / 180;
11.
12.      // 输入点和去畸变输出点
13.      std::vector<cv::Point2f> input_pts, point_undistorts;
14.      input_pts.push_back(input_pt);
15.      cv::undistortPoints(input_pts, point_undistorts, static_calib_.camera_matrix,
16.              static_calib_.distortion_coeffs, cv::noArray(), static_calib_.
                     camera_matrix);
17.      // 开始测距,output 是该点测距结果
18.      RunDistanceWithFov(point_undistorts[0], output);
19.   }
```

相似三角形测距法的关键在于获取目标图像接地点的像素坐标，而目标图像接地点一

般是通过目标检测模型计算目标车辆车尾/车头框下底边的中心点得到的。如果接地点存在 n 个像素误差，那么测距误差公式为

$$Z_{\text{err}} = Z_n - Z = \frac{fH}{y+n} - Z = \frac{nZ^2}{fH+nZ}$$

其中 f 为焦距，H 为摄像头高度，n 为像素误差，Z 为目标像素相对摄像头的距离。当 fH 远大于 nZ 时，测距误差随着距离的增长呈二次方增长，误差比例则随着距离呈线性增长。

　　除了采用车尾/车头框得到的接地点进行测距外，对于近距离的车辆，我们还可以利用车轮接地点进行测距。图 5-25 为车轮框示意图。一般情况下，车辆的车轮框的接地点并不在车辆的最小外接矩形框的下底边上。相对于采用车尾/车头框得到的接地点，车轮框的接地点更准确，所以测距的准确性也较高。

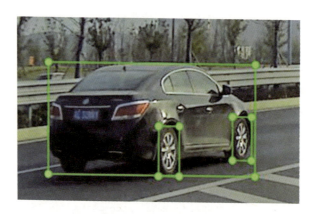

图 5-25　车轮框示意图

　　得到接地点的图像坐标后，为了保证前后帧测距的准确性和平滑性，我们需要对接地点坐标进行滤波处理。下面给出接地点的处理示例代码：

```
1.    void PointFilter(const CameraTrackerOutput &tracks,
2.                          std::vector<ObjectPoint> &points){
3.        // 如果当前帧没有目标,前一帧目标清空
4.        if (tracks.tracked_objects_output.size() < 1) {
5.            pre_points.clear();
6.            return;
7.        }
```

```
8.        cv::Point2f cur_point;
9.        // 开始遍历当前帧和前一帧 id 相同的目标
10.       for (int obj_index = 0; obj_index < int(tracks.tracked_objects_output.size());
          ++obj_index) {
11.           const TrackedObject &tracked_object = tracks.tracked_objects_output[obj_index];
12.           // 如果目标类型为标识牌交通灯类目标,不测距(arrow, traffic light, traffic sign)
13.           // 如果车头车尾框为空
14.           if (tracked_object.vehilce_supplement.size() < 1) continue;
15.           // 如果类型是车身
16.           if (tracked_object.vehilce_supplement[0].type == VehicleHeadTailType::
              VEHICLE_LATERAL) continue;
17.           /////车头车尾框
18.           cur_point.x = (tracked_object.vehilce_supplement[0].box.xmin +
19.               tracked_object.vehilce_supplement[0].box.xmax) *
20.               0.5;
21.           cur_point.y = tracked_object.vehilce_supplement[0].box.ymax;
22.
23.           // 是否找到 id 一样的目标
24.           bool is_find = false;
25.           ObjectPoint filter_point;
26.           for (int pre_pt_index = 0; pre_pt_index < pre_points.size(); ++pre_pt_index) {
27.               // id 一样,更新目标接地点位置
28.               if (tracked_object.track_id == pre_points[pre_pt_index].track_id) {
29.                   is_find = true;
30.                   filter_point.center_point.x =
31.                       alpha_ * pre_points[pre_pt_index].center_point.x + (1 - alpha_)
                          * cur_point.x;
32.                   filter_point.center_point.y =
33.                       alpha_ * pre_points[pre_pt_index].center_point.y + (1 - alpha_)
                          * cur_point.y;
34.
35.                   filter_point.index = obj_index;
36.                   filter_point.track_id = tracked_object.track_id;
37.                   points.push_back(filter_point);
38.                   break;
39.               }
40.           }
41.           // 如果当前帧 id 没有在前一帧中找到,当前帧接地点不作平滑
42.           if (!is_find) {
43.               filter_point.index = obj_index;
44.               filter_point.center_point = cur_point;
45.               filter_point.track_id = tracked_object.track_id;
46.               points.push_back(filter_point);
47.           }
48.       }
```

```
49.     // 当前帧的目标保存,用于下一帧目标位置更新
50.     pre_points = points;
51. }
```

相似三角形测距法有两个主要假设：一是路面水平假设，即在计算距离时不考虑道路的坡度信息；二是摄像头光轴与地面平行假设，在实际道路中，地面往往存在坡度，而且行驶颠簸或者摄像头安装因素，导致摄像头光轴很难与路面完全平行（即摄像头角度存在波动）。图5-26展示了汽车（行驶）颠簸导致摄像头光轴与路面不平行的情况。所以，我们需要对摄像头的角度进行校正，这一过程被称为"在线标定"，相关内容可以参考第3章中的知识点。

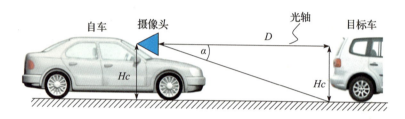

a）地面无颠簸，摄像头光轴与地面平行

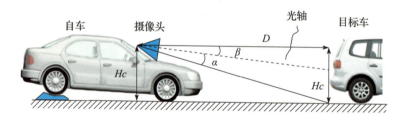

b）地面有颠簸，摄像头光轴与地面不平行

图 5-26 地面颠簸对光轴与地面平行度的影响

地面颠簸等会对摄像头的 pitch 角产生影响。根据论文 "Robust Range Estimation with a Monocular Camera for Vision-Based Forward Collision Warning System" 中的相关介绍，pitch 角对测距的影响如图 5-27 所示。

当 pitch 角为 0 或者很小时，测距公式为

$$d = \frac{F_c \cdot H_c}{y_b - y_h}$$

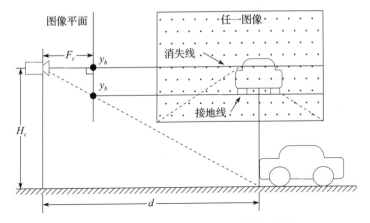

a）没有pitch角对相似三角形测距法的影响示意图

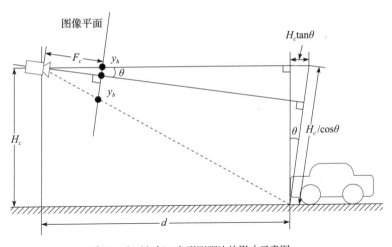

b）有pitch角对相似三角形测距法的影响示意图

图 5-27　有无 **pitch** 角对相似三角形测距法的影响示意图

当 pitch 较大时，假设 pitch 角为 θ，测距公式为

$$d=\frac{1}{\cos^2\theta}\frac{F_c\cdot H_c}{y_b-y_h}-H_c\tan\theta$$

其中，y_b 为目标下底边 y 的坐标，y_h 为地平线 y 的坐标（即消失线的坐标），F_c 为焦距，H_c 为摄像头高度。

这里给出 pitch 角对测距影响的示例代码：

```
1.   {
2.       // 落脚点穿过光心与光轴夹角
3.       double angle_y = atan(fabs(input_pt.y - v0_) / fy_);
4.       // 俯仰角和 angle_y 的关系(加或者减)角
5.       double angle_temp1 = 0.0;
6.       // 落脚点在成像平面上半部分
7.       if (input_pt.y <= v0_) {
8.           // 所求 beta 角
9.           angle_temp1 = pitch + angle_y;
10.      } else {
11.          angle_temp1 = pitch - angle_y;
12.      }
13.      std::cout << "pitch: " << pitch << std::endl;
14.      std::cout << "angle_y: " << angle_y << std::endl;
15.      std::cout << "angle_temp1: " << angle_temp1 << std::endl;
16.      std::cout << "camera_height_" << camera_height_ << std::endl;
17.      // 求纵向距离
18.      dis_y = camera_height_ / (tan(angle_temp1));
19.
20.      // 求横向距离
21.      dis_x = fabs(input_pt.x - u0_) * (sqrt(dis_y * dis_y + camera_height_ * camera_height_) /
22.                           sqrt(fx_ * fx_ + (input_pt.y - v0_) * (input_pt.y - v0_)));
23.      std::cout << "d': " << dis_y / 1000 << std::endl;
24.      std::cout << "k': " << dis_x / 1000 << std::endl;
25.  }
```

在实际应用中，对于中远距离的目标，即使对摄像头的角度进行补偿，由于道路结构等因素，目标的接地点与自车接地点不在同一水平面上，会产生较大的测距误差，如图 5-28 所示。所以，相似三角形测距法仅用于近距离无遮挡目标测距或者校验。

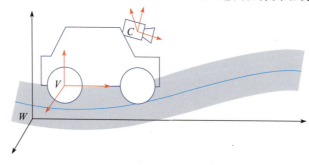

图 5-28　非理想场景下的测距

2. 车道线消失点的测距法

除了利用在线标定方法计算出道路坡度从而完成目标测距外，我们还可以直接采用车道线消失点的方法进行测距。在计算出车道线消失点在图像中的坐标后，建立基于车道线消失点的距离测量模型，如图 5-29 所示。对应的图像平面如图 5-30 所示。

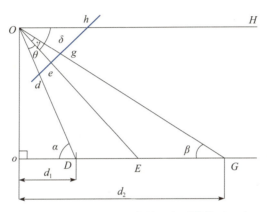

图 5-29　基于车道线消失点的距离测量模型示意图

图 5-30　消失点测距对应图像平面

其中，O 为摄像头光心，Oo 垂直于路面点 o。摄像头光轴 OE 与路面相交于点 E，与图像平面相交于点 e；点 D 为摄像头视野中拍摄到的路面上与摄像头纵向距离最近的点，被定义为"近视场点"（摄像头 FOV 范围内的下边沿到地面的连接点），对应图像底边上的像素点为 d；点 G 为前方运动车辆车底阴影中的一点，它在图像中对应的像素点为 g。点 G 到摄像头的纵向距离 d_2 即前方车辆与本车之间的距离。

若路面上近视场点 D 到摄像头的纵向距离为 d_1，由针孔摄像头的成像关系可知

$$d_2 = \frac{d_1 \tan\alpha}{\tan\beta}$$

另外，由于 $Oe=f$，其中 f 为摄像头焦距，根据相似三角形原理可知

$$\tan\theta = \frac{de}{f} = \frac{n_1 - n_0}{\alpha_y}$$

$$\tan\gamma = \frac{ge}{f} = \frac{n_0 - n_2}{\alpha_y}$$

其中，$\alpha_y = \frac{f}{d_y}$ 为图像坐标系纵轴的尺度因子；n_0、n_1、n_2 分别为图像中主点 e、图像近视场点 d 和车底阴影中点对应的像素点 g 在像素坐标系下的纵坐标，各点坐标均可从图像中测得。同时，由于图像中车道线消失点 h 对应的是世界坐标系中无穷远的点，所以光心与消失点的连线 Oh 平行于路面，从而有

$$\tan\delta = \frac{he}{f} = \frac{n_0 - n_3}{\alpha_y}$$

由图 5-29 知

$$\alpha = \delta + \theta$$
$$\beta = \delta - \gamma$$

所以，距离公式为

$$d_2 = \frac{d_1 \tan\alpha}{\tan\beta} = \frac{d_1 \tan(\delta+\theta)}{\tan(\delta-\gamma)} = \frac{d_1(n_1-n_3)\left[\alpha_y^2 + (n_0-n_3)(n_0-n_2)\right]}{(n_2-n_3)\left[\alpha_y^2 - (n_0-n_3)(n_1-n_0)\right]}$$

由图 5-29 知，这里的 d_1 可由摄像头的安装高度 h 求解得出，公式如下：

$$d_1 = \frac{h}{\tan\alpha} = \frac{h}{\tan\left(\arctan\left(\frac{n_0-n_3}{\alpha_y}\right) + \arctan\left(\frac{n_1-n_0}{\alpha_y}\right)\right)}$$

上面仅仅能够计算出目标的纵向距离，我们还需要求解目标的横向距离，具体可以利

用几何关系来求解。如图 5-31 所示，S' 为空间点 S 在像面的投影，G' 为空间点 G 在像面的投影，OG 为摄像头的光轴，OG' 为摄像头的焦距。

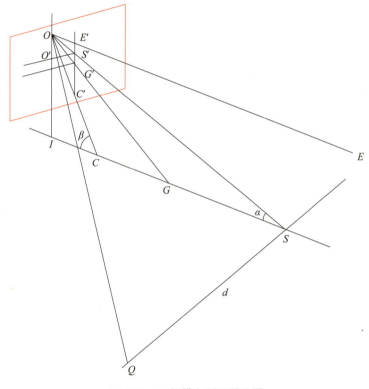

图 5-31　目标横向测距原理图

假设 S、Q 在像面上的横坐标位置为 n_s 和 n_Q，目标的纵向距离 d 已知，即 IS 已知，摄像头高度 h 已知，即 OI 已知，所以有

$$OS = \sqrt{IS^2 + OI^2} = \sqrt{d^2 + h^2}$$

根据图 5-29 中车辆测距中提到的消失点测距方法，可以得出 OS' 的表达式：

$$OS' = \sqrt{\alpha_y^2 + (n_0 - n_2)^2}$$

所以，根据相似三角形，横向距离可以表示为

$$SQ = \frac{S'Q'}{OS'} \times OS = \frac{n_s - n_Q}{\sqrt{\alpha_y^2 + (n_0 - n_2)^2}} \times \sqrt{d^2 + h^2}$$

这种方法求解出的横向距离依赖目标的纵向距离。纵向距离有偏差，会影响目标的横向距离计算。所以在实际使用过程中，我们会对横纵向距离的求解进行解耦处理，以减小相互之间的影响。

3. 车辆物理尺寸测距法

除了利用目标图像中的接地点进行测距，我们还可以利用目标的尺寸（如目标的宽度、高度等）进行测距。图 5-32 所示为利用目标的宽度测距示意图。

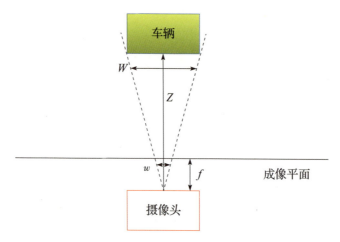

图 5-32　利用目标的宽度测距示意图

假设 W 为车辆实际宽度，w 为图像中车辆的宽度，已知摄像头的焦距 f，根据针孔摄像头成像模型的相似三角形原理得出距离 Z 为

$$Z = \frac{fW}{w}$$

这里仍然有两个假设：一个是车辆无遮挡，另一个是目标检测框必须紧贴目标。否则，目标的像素宽度 w 会影响目标的实际距离。图 5-33 左图展示了截断场景，即蓝色虚线表示的车尾部分；图 5-33 右图展示了遮挡场景，即白色车被遮挡。

利用目标物理尺寸进行测距的方法还有一个弱假设，即目标的物理尺寸不一致，所以需要对不同类别的车辆统计中位数。表 5-2 直接给出不同车辆宽、高的中位数参考。

图 5-33　截断、遮挡场景示意图

表 5-2　不同车辆宽、高的中位数参考

车辆类别	平均宽度/m	平均高度/m
car_normal	1.7（轿车）、1.9（SUV）	1.5（轿车）、1.65（SUV）
car_other	无	无
bus	2.42	3.5（大巴）、2.7（中巴）、2.2（小巴）
truck_normal	2.3	2.5（小型）、4.3（大型）
truck_other	2.3	无
van	2.0	2.6

在实际应用中，目标被遮挡或者处于视野边界处经常出现，所以利用目标宽度进行车辆距离测量仅适用于某些特定的车辆，如 LMC（Left Most Critical，左侧第一辆车）、RMC（Right Most Critical，右侧第一辆车）、CIPV（Closest In Path Vehicle，自车路径上最近的车辆，也指自车道最近的车）等。在实际道路中，我们也会遇到一些载货的非规则货车或者其他没有先验高度的车辆。图 5-34 展示的是货物不规则载货车辆，在道路上很常见，所以利用目标高度进行测距也需要考虑目标车辆的类型。

图 5-34　货物不规则的载货车辆

采用目标先验尺寸方法测距，可以不受地面坡度的影响，但需要考虑目标是否有遮挡或者是否载货。对于轿车、SUV 等常见小型车辆，我们可以采用高度中位数进行测距，这样可以减小遮挡的影响；对于大型车辆，一般采用宽度中位数进行测距，即使车辆被部分遮挡，由于其体积较大，采用宽度中位数也能得到相对准确的距离信息。另外，对于近距离目标，如果能够准确地检测到车牌信息，由于国内车牌相对比较标准化（见表 5-3），也能得到较为准确的测距信息。

表 5-3　车牌尺寸标准

分类	尺寸
普通蓝牌	440mm×140mm
新能源牌照	480mm×140mm
黄牌	440mm×220mm

4. 基于图像中目标尺寸变化的测距法

基于已知的目标的先验尺寸信息，我们还可以对目标的相对速度进行求解，即通过分析图像中目标尺寸变化来实现目标相对速度的计算。相对速度可以表示为

$$v = \frac{\Delta Z}{\Delta t}$$

其中，Δt 表示时间间隔，ΔZ 表示目标距离的变化量。然而，由于测距过程中会引入很多噪声，直接利用距离差求解出来的相对速度精度不高。为了求解出更精确的相对速度，我们通常采用图像中目标尺寸的变化来计算，如图 5-35 所示。

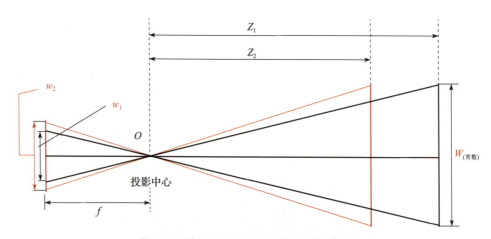

图 5-35　基于图像中尺寸变化进行目标测距

假设 W 为车辆实际宽度，w_1 和 w_2 分别为前后两帧图像中车辆的像素宽度，f 为摄像

头成像模型的焦距，利用相似三角形测距方法对前后两帧图像中目标的实际距离进行计算，有

$$Z_1 = \frac{fW}{w_1}$$

$$Z_2 = \frac{fW}{w_2}$$

所以，相对速度的计算可以表示为

$$v = \frac{\Delta Z}{\Delta t} = \frac{Z_1 - Z_2}{\Delta t} = \frac{\frac{fW}{w_1} - \frac{fW}{w_2}}{\Delta t} = \frac{\frac{fW}{w_2} \times \frac{w_2 - w_1}{w_1}}{\Delta t} = \frac{Z_2}{\Delta t} \times \frac{w_2 - w_1}{w_1}$$

只需要知道两帧之间的时间间隔 Δt，以及目标在两帧图像中宽度的相对变化 $\frac{w_2 - w_1}{w_1}$，就可以计算出相对速度。另外结合尺寸的变化信息，同样可以求解出目标的距离信息。

根据 $w = \frac{fW}{Z}$，可以得出

$$\frac{w_2 - w_1}{w_1} = \frac{Z_1 - Z_2}{Z_2}$$

所以，根据上一帧测量得到的目标距离和图像像素检测框的尺寸变化，可以推导出当前帧的距离：

$$Z_1 = Z_2 \times \frac{w_2 - w_1}{w_1} + Z_2$$

5. 基于消失线的测距法

除了车道线消失点测距法，我们还可以基于消失线上的坐标进行车辆距离的测量。前面介绍了基于目标尺寸的测距 $d = \frac{F_c W}{w}$（W 为车辆真实宽度，w 为车辆在图像中的宽度，F_c 为摄像头焦距），图 5-27 展示了理想状态下的测距 $d = \frac{F_c H_c}{y_b - y_h}$（$y_b$ 为图像中目标下底边 y 的坐标，y_h 为图像中消失线 y 的坐标，H_c 为摄像头高度），两式联立，可得

$$y_h = y_b - H_c \times \frac{w}{W}$$

车辆真实宽度 W 可以用车辆平均宽度 $\overline{W}$ 与宽度偏差 ΔW 之和来表示。为了表示图像中检测车辆的普适性，上式可以表示为

$$\overline{y}_h = \frac{1}{N} \sum_{i=1}^{N} \left(y_{b,i} - H_c \times \frac{w}{\overline{W} + \Delta W_{a,i}} \right)$$

当在图像中检测到足够多的车辆时，根据统计学原理，各个车辆宽度偏差的总和会趋向于零。所以，如果图像中检测到足够多车辆，上式可以近似为

$$\overline{y}_h \cong \overline{y}_b - H_c \times \frac{w}{\overline{W}}$$

如果检测到的车辆不够多时，估计出的消失线可能存在波动，使用下式进行平滑处理：

$$y_h(t) = \gamma \cdot \overline{y}_h(t) + (1-\gamma) \cdot y_h(t-1)$$

其中，$y_h(t)$ 和 $y_h(t-1)$ 分别为图像中 t 时刻和 $t-1$ 时刻消失线的 y 坐标。$\overline{y}_h(t)$ 是 t 时刻计算出的平均消失线 y 坐标，当 $t=0$ 时，采用初始的消失点 y 坐标作为 $y_h(t-1)$ 的值；γ 为经验系数，取值范围 $(0,1]$。图 5-36 给出了不同帧之间消失线变化示意图。

图 5-36   不同帧之间消失线变化示意图

基于消失线的测距法可以看成车道线消失点测距方法和车辆物理尺寸测距方法的结合与优化。它利用多目标的物理属性来缩小测距偏差，并提高整体的测量精度。

6. 基于道路结构的测距方法

在正常的道路交通场景中，车辆通常沿着车道线平行行驶。我们可以将车辆立体边界

框（3D Bbox）视为一个长方体，利用车道宽度的一致性和车体尺寸的不变性等先验信息进行距离测量。

由于摄像头在成像过程中的透视原理，车辆 3D Bbox 中 4 条相互平行的侧边在图像中相交于消失点，从而形成一个金字塔形的区域。理论上，这个金字塔区域覆盖整个车体，如图 5-37 所示。假设矩形 $ABCD$ 为检测出的任一车辆的车尾框，矩形 $A'B'C'D'$ 为该车辆车头的矩形边界。所以，基于道路结构的车道线测距方法就可以转换为在金字塔模型 $V\text{-}ABCD$ 中求解矩形 $A'B'C'D'$ 的问题。

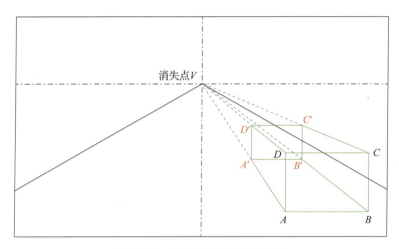

图 5-37　车体金字塔模型示意图

令消失点 $V = (cx_v, cy_v)$，矩形 $ABCD$ 的底边中点为 (cx_R, cy_R)，$A'B'C'D'$ 底边中点为 (cx_H, cy_H)。根据相似三角形关系，车头矩形框的宽、高尺寸可以表示为

$$cw_H = cw_R \cdot \frac{cy_v - cy_H}{cy_v - cy_R}$$

$$ch_H = ch_R \cdot \frac{cy_v - cy_H}{cy_v - cy_R}$$

式中，cw_R 和 ch_R 分别为检测到的车尾矩形框的宽和高。令车长为 L_{car}，由于车辆宽度前后一致性，则有

$$\frac{1}{cw_H} - \frac{1}{cw_R} = \frac{L_{\mathrm{car}}}{fW_{\mathrm{car}}}$$

所以，基于道路结构的目标车辆的测距方法可以转换为车辆物理尺寸的测距方法。由于目标车辆的类型不同，对应的车辆长度各有不同，所以一般取中位数（如轿车车长中位数约为 4.5m 等）作为参考进行估计。

另外，受摄像头透视效应的影响，在图像域中目标车辆车身侧面尺寸的大小与目标车辆和自车之间的横纵向距离以及视角有很大关系。图 5-38 展示了前方不同角度的目标车辆车尾框与消失点的关系示意图。

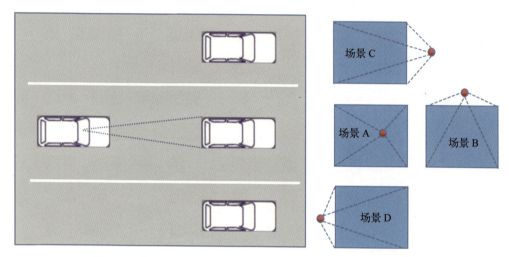

图 5-38　前方不同角度的目标车辆车尾框与消失点的关系示意图

当目标车辆位于自车道时，消失点会位于目标车辆车尾框的中部或上方（如图 5-38 中的场景 A 和场景 B 所示），有

$$cx_R - \frac{cw_R}{2} \leqslant cx_v \leqslant cx_R + \frac{cw_R}{2}$$

当目标车辆位于相邻车道时，消失点会显示在目标车辆车尾框的左右侧（如图 5-38 中场景 C、场景 D 所示），这样能够看到车身框的情况，有

$$cx_v \leqslant cx_R - \frac{cw_R}{2} \quad \text{或} \quad cx_R + \frac{cw_R}{2} \leqslant cx_v$$

由于摄像头成像模型具有比较强的非线性特性，图像中像素对应到世界坐标系的分辨

率随着纵向距离的增加而迅速下降。这意味着在图像中,纵向距离较远区域的 1 个像素往往代表真实世界中的几米距离。所以可以近似认为,通过上述方法求得的金字塔车头边缘与真实车头边缘的像素误差较小。

对于同向行驶的目标车辆,基于上述假设,可以近似认为目标车辆车尾框的宽度与目标车辆所在车道的左右车道线的像素宽度误差也较小,有

$$cw_R \approx \mathrm{abs}(\mathrm{lane}_{\mathrm{left}}(cy_R) - \mathrm{lane}_{\mathrm{right}}(cy_R))$$

$$W_R \approx W_{\mathrm{lane}}$$

所以,目标的纵向距离可以表示为

$$Z \approx \frac{fW_{\mathrm{lane}}}{\mathrm{abs}(\mathrm{lane}_{\mathrm{left}}(cy_R) - \mathrm{lane}_{\mathrm{right}}(cy_R))}$$

其中,$\mathrm{lane}_{\mathrm{left}}$、$\mathrm{lane}_{\mathrm{right}}$ 分别为像素平面中左右车道线方程表达式。通过分析图像中车道线的交点与车尾框的位置关系,可以判断出目标所处的大致方位(正前方、左前方、右前方)。

5.2.2 行人、骑行人、两轮车测距

传统的障碍物单目测距方法主要是车辆测距中提到的几种技术,其中最常用的是相似三角形测距方法,该方法适用于所有的无遮挡障碍物测距。然而,针对不同的障碍物,我们需要根据障碍物的特有属性对相似三角形测距方法进行相应改进或优化。

相较于车辆测距,行人测距方法要简单很多,除了行人接地点测距方法外,还包括利用行人高度测距方法、利用人头/身高比例的测距方法等。而针对骑行人/两轮车的测距方法则相对有限,通常只采用接地点测距方法。

1. 行人接地点测距方法

行人接地点测距方法就是利用相似三角形测距方法,对图像中人脚部接地点位置进行坐标转换的方法。这种方法不仅依赖平面假设,主要还受人与地面相对位置的影响。如图 5-39 中所示,尽管 1 号、2 号行人纵向距离相差不多,但 1 号、2 号行人在图像中检测框与地面的接地点不同,可能会导致计算出的 2 号行人的纵向距离小于 1 号行人的纵向距离。所以在实际行人测距时,通常会采用接地点方法对行人的纵向距离进行预估,并利用其他测距方法进行校准。

图 5-39　行人接地点测距受人与地面相对位置影响示意图

2. 利用行人高度测距方法

利用行人高度测距法是一种利用行人先验平均高度进行距离估计的方法。由于不同人的身高差异，成年男性身高一般在 170cm～180cm 之间，女性一般在 150cm～170cm 之间，所以一般取中位数 165cm（不分男女）作为参考值。然后利用相似三角形原理，结合行人在图像中框的高度信息，计算出行人的纵向距离：

$$Z = \frac{fH}{h}$$

其中，H 为人的高度中位数，h 为行人在图像中 Bbox 的高度，f 为摄像头焦距。

利用行人高度测距方法不用考虑地面结构和平面假设，但由于人的实际高度与所用的高度中位数有一定的偏差（约 15cm），所以计算出的实际纵向距离也会有一定的偏差。另外，检测模型无法有效地区分儿童和成年人，对儿童的测距偏差会更大。如图 5-40 所示，由于检测模型不能区分儿童和成年人，利用行人高度测距方法得到的儿童纵向距离的偏差远大于成年人纵向距离的偏差。因此利用行人高度测距方法时，我们还需要用其他方法进行距离矫正。

图 5-40　利用行人高度测距方法示意图

3. 利用行人人头测距方法

利用行人人头测距方法是利用行人高度测距方法的一种变种。大多数人的头部长度介于 18 到 25cm 之间（婴儿除外），如果直接利用人头的长度进行测距，其误差与利用行人高度进行测距的误差相差不大。

对于正常成年人而言，人体头部与身体的比例相对稳定，大约为 1∶7，这一比例不受性别差异的影响；对于儿童（6 岁以上），通常头身比例在 1∶4 左右。所以，在进行行人检测的时，我们也可以对人头进行检测（不含头上的饰品，如帽子等），利用人头框与行人框的比例关系，区分出成年人和儿童，然后再利用行人高度测距、行人人头测距或者接地点测距方法进行更精确的测量，如图 5-41 所示。

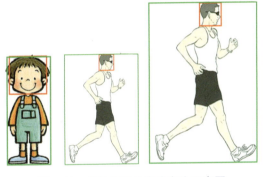

图 5-41　成年人和儿童头身比示意图

利用人头测距方法可以避免因为成年人 Bbox 高度和儿童 Bbox 高度引起的测距混淆，同时避免了接地点偏差造成的混淆。

4. 骑行人/两轮车测距

骑行人/两轮车在测距是比较有挑战的，难点在于图像检测框的尺寸上。图 5-42 所示为 3 种不同朝向角对应的骑行人检测框。由于自行车高度、骑行人骑行姿态等因素的影响，简单的高度测距方法往往不能有很好的效果。

由于自行车的灵活性，车轮之间的相对角度不固定，所以自行车前后轮之间的距离不能用作两轮车测距。唯一有效的两轮车测距是基于车轮接地点的测距，并利用两轮之间的轴距信息进行距离约束。车轮接地点一般被设定为检测模型检出的车轮最小外接矩形框（如图 5-42 中蓝色虚线框）下底边缘的中心点。

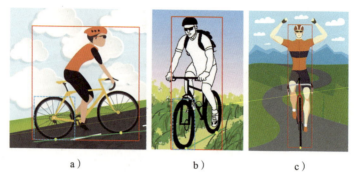

a）   b）   c）

图 5-42　3 种不同朝向角对应的骑行人检测框

图 5-42 中黄色点代表车辆前后轮的接地点（即车辆的接地点），通过相似三角形方法对接地点像素进行坐标转换，从而求解出前后两轮真实的物理距离。图 5-42 中绿线展示了前后两轮的接地点连线，该连线有助于计算出自行车的航向角。

假设自行车前轮的接地点的像素信息为 (px_f, py_f)，后轮接地点的像素信息为 (px_b, py_b)，经过相似三角形测距法后得到的物理世界的真实坐标分别为 (wx_f, wy_f)、(wx_b, wy_b)，可得两轮之间的轴距为

表 5-4　普通自行车（非儿童自行车）轴距和车轮直径对应信息

$$d = \sqrt{(wx_f - wx_b)^2 + (wy_f - wy_b)^2}$$

普通自行车（非儿童自行车）轴距是固定的，其与车轮直径对应信息如表 5-4 所示。自行车轴距在 950mm 到 1090mm 之间，以此来约束自行车/骑行人的距离信息。

自行车尺寸	前后两轮轴距长度
20 寸	950mm～1015mm
22 寸	1025mm～1045mm
24 寸	1045mm～1055mm
26 寸	1055mm～1090mm

如图 5-42c 所示，在只有一个接地点的情况下，可以判定自行车横向距离是稳定的。此外，我们可以利用车轮检测框和车轮直径中位数（58cm）来验证接地点测距的准确性。

5.3　基于视觉的目标跟踪

单目视觉测距原理简单，没有那么复杂的公式。然而，在量产车辆的实际运行过程中，行车环境、车辆载重、安装工艺等一系列问题会导致视觉测距（尤其是单目测距）出现一系列问题。这些问题包括测距波动较大、速度偏差过大等，所以我们需要通过视觉

目标跟踪来提高测量的准确性和稳定性。

在当前自动驾驶领域，基于视觉的目标跟踪主要会遇到如下问题：1）行人运动的不确定性，行人姿态和特征的变化可能会导致跟踪失败；2）车辆从 FOV 边缘处进入自车视野范围内或者车辆行人被其他交通参与者遮挡时，如果选用不合适的跟踪关联策略，可能会引入较大的噪声，导致模型更新错误；3）在自车运动过程中可能会受到光照强度、目标快速运动、低分辨率等影响，导致图像出现模糊等。

为了应对当前自动驾驶中基于视觉的目标跟踪存在的问题，我们需要结合图像的场景属性和目标的运动属性进行目标跟踪方法的设计。

5.3.1　目标跟踪方法

目标跟踪方法就是根据目标的检测结果，对目标进行持续跟踪，并实时更新目标的位置信息。这可以确保车辆在运行过程中对目标进行实时监控，以做出安全的控制策略。目标跟踪方法按照模型划分可以分为两类。

1）生成式模型：生成式模型跟踪方法是首先建立一个目标模型或者提取目标特征，并在后续帧中进行相似特征搜索，通过逐步迭代实现目标定位。然而，由于目标外观变化的随机性和多样性（如分辨率低、目标图像形变等）特点的影响，使用单一数学模型来描述待跟踪目标有很大的局限性，这可能影响跟踪的准确性。常见的生成式模型跟踪方法有光流法、粒子滤波法、均值漂移算法等。

2）鉴别式模型：是指将目标模型和背景信息同时考虑在内，通过分析目标模型和背景信息的差异来实现目标提取，从而确定当前帧中的目标位置。此类方法通常使用经典的机器学习方法来训练分类器（如随机森林等）。虽然基于深度学习的跟踪方法目前比较流行，但在量产工程中，传统的跟踪方法依然有很大的应用空间。

如图 5-43 所示，目标跟踪流程可以分为目标数据关联和目标跟踪管理两大部分。

1. 目标数据关联

目标数据关联是目标跟踪任务中比较关键的步骤，它的本质是基于时间序列将来自同一个目标在不同时刻（即帧与帧之间）的属性信息进行串联。这一过程包括新目标的出现、旧目标的消失等，如图 5-44 所示。

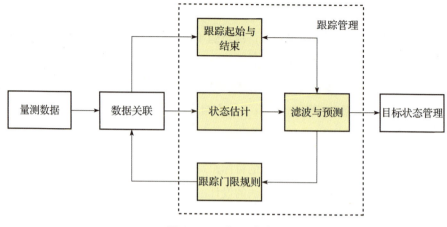

图 5-43　目标跟踪流程

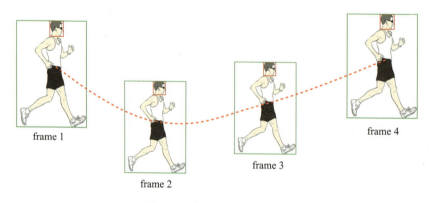

图 5-44　数据关联的示意图

目标数据关联通常在状态估计之前进行，只有获取准确的数据关联结果，才能保证后续处理的正确性。

传统的目标数据关联方法多借鉴于运筹学。而在基于视觉的目标跟踪中，常用的目标数据关联方法有如下几种。

1）基于 IOU 的匹配关联方法：采用 IOU 度量方式来对连续帧之间的目标检测框依次进行匹配的技术，即计算前一帧每个目标检测框与当前帧所有检测框的 IOU，只要某个检测框的 IOU 值满足设定的指标值或者在该帧中是最大的，则将这个检测框与之关联，如图 5-45 所示。

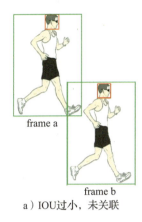

a）IOU过小，未关联　　　　　　　b）IOU 适中，关联

图 5-45　基于 IOU 的匹配关联方法

IOU 匹配关联方法需要保证连续帧中都有检测框的存在。当出现漏检或目标丢失时，该方法将无法建立有效的关联。下面给出计算检测框 IOU 的示例代码：

```
1.   float CalObjectBoxIOU(const BBox2D &cur_object_box, const BBox2D &pre_track_box) {
2.       // 获取交集的左上角和右下角坐标
3.       Point2D upper_left_point_intersection, lower_right_point_intersection;
4.       upper_left_point_intersection.x = std::max(cur_object_box.xmin, pre_track_box.
             xmin);
5.       upper_left_point_intersection.y = std::max(cur_object_box.ymin, pre_track_box.
             ymin);
6.       lower_right_point_intersection.x = std::min(cur_object_box.xmax, pre_track_box.
             xmax);
7.       lower_right_point_intersection.y = std::min(cur_object_box.ymax, pre_track_box.
             ymax);
8.       // 计算区域的交集
9.       float intersection_width =
10.          std::max(0.0, (lower_right_point_intersection.x - upper_left_point_
                 intersection.x));
11.      float intersection_height =
12.          std::max(0.0, (lower_right_point_intersection.y - upper_left_point_
                 intersection.y));
13.      float intersection_area = intersection_width * intersection_height;
14.      // 计算两个框的面积
15.      float cur_object_box_area =
16.          (cur_object_box.xmax - cur_object_box.xmin) * (cur_object_box.ymax - cur_
                 object_box.ymin);
17.      float pre_object_box_area =
18.          (pre_track_box.xmax - pre_track_box.xmin) * (pre_track_box.ymax - pre_
```

```
                track_box.ymin);
19.    // 计算两个框的 IOU
20.    float ObjectBoxIOU = intersection_area /
21.               (cur_object_box_area + pre_object_box_area - intersection_area +
                   0.000001);
22.    return ObjectBoxIOU;
23. }
```

2）最近邻算法（Nearest Neighbor，NN）：它是最常见的目标数据关联方法之一，主要是依赖距离（如马氏距离、欧氏距离等）度量来将前一帧中的目标与当前帧中的目标进行匹配，从而将彼此距离接近的进行关联。最近邻算法通常选择与距离最小的对象作为匹配对象。如图 5-46 中的红线部分，欧氏距离度量可以表示为

$$d=\sqrt{(x_1-x_2)^2+(y_1-y_2)^2}$$

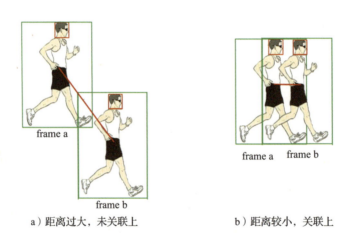

a）距离过大，未关联上　　　　b）距离较小，关联上

图 5-46　最近邻算法示意图

下面给出最近邻算法的示例代码：

```
1.  float EuclideanDist(const Meas3D &cluster_points,
2.                      const Meas3D &associated_points){
3.      float dis_x = cluster_points.point3D[0] - associated_points.point3D[0];
4.      float dis_Y = cluster_points.point3D[1] - associated_points.point3D[1];
5.      float dis_z = cluster_points.point3D[2] - associated_points.point3D[2];
6.      return sqrt(dis_x * dis_x + dis_Y * dis_Y + dis_z * dis_z);
7.  }
```

最近邻算法是最简单的目标数据关联技术，通过设定一个阈值来聚类最相近的一组数

据。但是在密集环境中，最近邻算法性能会显著下降。在人群密集的情况下，检测框与检测框的距离相近，这可能会导致错误的目标数据关联。当多个目标可能关联到同一个测量结果时，即对于这些目标而言，某一测量结果都是它们最近的关联，我们可以采用全局最近邻方法计算所有可能的关联，然后采用总距离或者总概率最大化的关联方式，避免出现误关联情况。

3）匈牙利算法（Hungarian Algorithm）：是一种基于 Hall 定理（该定理用于判定二分图是否完全匹配）的部分图匹配算法，其核心是寻求增广路径。首先解释一下二分图概念。

设 $G=(V,E)$ 是一个无向图，其顶点集 V 可分割为两个互不相交的子集 X、Y，并且图中每条边关联的两个顶点分属于这两个互不相交的子集，两个子集内的顶点不相邻。图 5-47 就是一个二分图示意图。

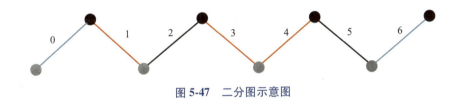

图 5-47　二分图示意图

给定图 G 的一个匹配 M，如果一条路径的边交替地属于 M 和不属于 M，则称这条路径为 M-交错路径。在图 5-47 中，由黑线表示的 2 和 4 两条边，以及黑灰色 8 个顶点，构成了图 G 的一种匹配 M。按照交错路径的概念，路径 1234、路径 2345、路径 12345 都是 M-交错路径（路径 123456 不是，因为 5 和 6 均不在匹配 M 中，路径 01234 同理）。

如果一条 M-交错路径的两个端点都不与 M 中的任何边关联，则称这条路径为 M-增广路径。增广路径有一个重要特点：其中非匹配边比匹配边多一条。所以在 3 条交错路径中，只有路径 12345 是 M-增广路径。路径 12345 中还存在着另外一种匹配 1、3、5，它的匹配数是 3，大于原匹配 M 的匹配数 2，从而得到一个更优的匹配 N。通过同样的方式来寻找 N-增广路径，我们会发现路径 0123456 是匹配 N 的增广路径，它的匹配数是 4。因此，图 G 的最大匹配实际上是由 0、2、4、6 四条边构成的匹配。所以，增广路径意义在于改进匹配模式，把增广路径中的匹配边和非匹配边的身份进行交换后，图中的匹配边数量会增加 1。

匈牙利算法的核心就是通过不断寻找当前匹配 M 的增广路径，来增加匹配中的匹配边和匹配点，从而找到该图的最大匹配。

匈牙利算法的步骤如下。

1）初始化匹配 M 为空。

2）找出一条增广路径 p，通过取反操作得到更大的匹配 M' 并替代 M。

3）重复步骤 2，直到找不出增广路径为止。

下面给出匈牙利算法的示例代码：

```
1.   int HungarianAlgorithm::Solve(HungarianMatrix *p) {
2.
3.       ...略...
4.
5.       for (i = 0; i < p->num_rows; ++i)
6.           for (j = 0; j < p->num_cols; ++j)
7.               p->assignment[i][j] = HUNGARIAN_NOT_ASSIGNED;
8.
9.       // 初始化为 0
10.      if (verbose) fprintf(stderr, "Using heuristic\n");
11.      for (l = 0; l < n; l++) {
12.          s = p->cost[0][l];
13.          for (k = 1; k < m; k++)
14.              if (p->cost[k][l] < s) s = p->cost[k][l];
15.          cost += s;
16.          if (s != 0)
17.              for (k = 0; k < m; k++) p->cost[k][l] -= s;
18.      }
19.
20.      // 初始化状态
21.      t = 0;
22.      for (l = 0; l < n; l++) {
23.          row_mate[l] = -1;
24.          parent_row[l] = -1;
25.          col_inc[l] = 0;
26.          slack[l] = INF;
27.      }
28.      for (k = 0; k < m; k++) {
29.          s = p->cost[k][0];
30.          for (l = 1; l < n; l++)
31.              if (p->cost[k][l] < s) s = p->cost[k][l];
32.          row_dec[k] = s;
```

```
33.            for (l = 0; l < n; l++)
34.                if (s == p->cost[k][l] && row_mate[l] < 0) {
35.                    col_mate[k] = l;
36.                    row_mate[l] = k;
37.                    if (verbose) fprintf(stderr, "matching col %d==row %d\n", l, k);
38.                    goto row_done;
39.                }
40.            col_mate[k] = -1;
41.            if (verbose) fprintf(stderr, "node %d: unmatched row %d\n", t, k);
42.            unchosen_row[t++] = k;
43.    row_done:;
44.    }     // 结束初始化
45.
46.    // 开始匈牙利算法
47.    if (t == 0) goto done;
48.    unmatched = t;
49.    while (1) {
50.        if (verbose) fprintf(stderr, "Matched %d rows.\n", m - t);
51.        q = 0;
52.        while (1) {
53.            while (q < t) {
54.                // 探索 forest 算法的 q 节点
55.                {
56.                    k = unchosen_row[q];
57.                    s = row_dec[k];
58.                    for (l = 0; l < n; l++)
59.                        if (slack[l]) {
60.                            int del;
61.                            del = p->cost[k][l] - s + col_inc[l];
62.                            if (del < slack[l]) {
63.                                if (del == 0) {
64.                                    if (row_mate[l] < 0) goto breakthru;
65.                                    slack[l] = 0;
66.                                    parent_row[l] = k;
67.                                    if (verbose)
68.                                        fprintf(stderr, "node %d: row %d==col %d--row
                                              %d\n", t,
69.                                              row_mate[l], l, k);
70.                                    unchosen_row[t++] = row_mate[l];
71.                                } else {
72.                                    slack[l] = del;
73.                                    slack_row[l] = k;
74.                                }
75.                            }
76.                        }
```

```
77.                        }
78.                    // 探索 forest 算法 q 节点结束
79.                    q++;
80.                }
81.
82.            // 在矩阵中引入新的零
83.            s = INF;
84.            for (l = 0; l < n; l++)
85.                if (slack[l] && slack[l] < s) s = slack[l];
86.            for (q = 0; q < t; q++) row_dec[unchosen_row[q]] += s;
87.            for (l = 0; l < n; l++)
88.                if (slack[l]) {
89.                    slack[l] -= s;
90.                    if (slack[l] == 0) {
91.                        // 对引入的零进行计算
92.                        k = slack_row[l];
93.                        if (verbose)
94.                            fprintf(stderr,
95.                                "Decreasing uncovered elements by %d produces zero at "
96.                                "[%d,%d]\n",
97.                                s, k, l);
98.                        if (row_mate[l] < 0) {
99.                            for (j = l + 1; j < n; j++)
100.                               if (slack[j] == 0) col_inc[j] += s;
101.                           goto breakthru;
102.                       } else {
103.                           parent_row[l] = k;
104.                           if (verbose)
105.                               fprintf(stderr, "node %d: row %d==col %d--row %d\n", t,
106.                                   row_mate[l], l, k);
107.                           unchosen_row[t++] = row_mate[l];
108.                       }
109.                       // 引入零阶段计算结束
110.                   }
111.               } else
112.                   col_inc[l] += s;
113.           // 矩阵中引入零过程结束
114.       }
115.   breakthru:
116.       // 更新匹配
117.       if (verbose) fprintf(stderr, "Breakthrough at node %d of %d!\n", q, t);
118.       while (1) {
119.           j = col_mate[k];
120.           col_mate[k] = l;
121.           row_mate[l] = k;
```

```
122.              if (verbose) fprintf(stderr, "rematching col %d==row %d\n", l, k);
123.              if (j < 0) break;
124.              k = parent_row[j];
125.              l = j;
126.          }
127.          // 结束更新
128.          if (--unmatched == 0) goto done;
129.
130.          // 开始另一阶段
131.          t = 0;
132.          for (l = 0; l < n; l++) {
133.              parent_row[l] = -1;
134.              slack[l] = INF;
135.          }
136.          for (k = 0; k < m; k++)
137.              if (col_mate[k] < 0) {
138.                  if (verbose) fprintf(stderr, "node %d: unmatched row %d\n", t, k);
139.                  unchosen_row[t++] = k;
140.              }
141.          // 另一阶段结束
142.      }
143. done:
144.      // 匈牙利算法结束
145. }
```

2. 目标跟踪管理方法

在完成目标关联后,接下来我们需要对目标的属性进行状态估计,并完成目标属性的滤波和预测。在视觉目标跟踪方法中,最常用的滤波算法主要有卡尔曼滤波和粒子滤波。

（1）卡尔曼滤波

卡尔曼滤波是目标跟踪中最常用的方法。它并不对目标的特征进行建模,而是认为物体的运动模型服从高斯分布,并基于此对目标的运动状态进行预测,然后通过将预测结果与观察模型进行对比,根据产生的误差来更新运动目标的状态,常用于估计目标在下一帧的位置。卡尔曼滤波在目标跟踪中具有以下突出优点。

1）基于目标运动和量测噪声模型的卡尔曼滤波与预测增益序列可以自动选择。这意味着通过改变一些关键参数,相同的滤波器可以适用于不同的运动目标和量测环境。

2）卡尔曼滤波与预测增益序列能自动地适应检测过程的变化,包括采样周期的变化和漏检情况。

3）卡尔曼滤波通过协方差矩阵可以很方便地对估计精度进行度量，同时在多目标跟踪中，这种度量工具还可用于跟踪门的形成及门限大小的确定。

4）通过监测卡尔曼滤波中残差向量（预测值与实际观测值之间的差异），可以判断原假定的目标模型与实际目标的运动特性是否符合。

5）在密集多回波环境下进行多机动目标跟踪时，通过卡尔曼滤波与目标预测方法可以部分地补偿误相关的误差；还可以通过增大协方差矩阵的元素值来反映不确定性相关误差的影响。

第 4 章已经介绍了有关卡尔曼滤波的算法，这里不做过多赘述。我们可以参看卡尔曼滤波原理图 5-48 进行理解和回顾。

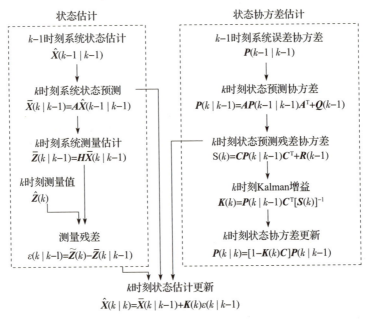

图 5-48 卡尔曼滤波原理

由于标准卡尔曼滤波是基于高斯线性假设完成的，这意味着它只能对线性的过程模型和量测模型进行精确估计。在非线性场景中，它并不能达到最优的估计效果。而在实际应用中，不论过程模型还是量测模型，往往都是非线性的，所以就有了很多针对卡尔曼滤波的改进方法，如扩展卡尔曼滤波、无迹卡尔曼滤波等。这些改进方法被广泛应用在自动驾驶目标跟踪等领域。

（2）粒子滤波跟踪方法

粒子滤波是一种基于蒙特卡罗理论实现的非线性递推贝叶斯滤波算法，它使用一组带有相关权值的离散随机样本集（即粒子集）来近似表征目标的后验概率密度。粒子滤波不受线性、高斯分布以及维数的限制，因此适用于任何状态空间模型，且精度可逼近最优估计。

粒子滤波首先通过状态转移函数来预测粒子可能的状态，再通过序列重要性采样中递推得到粒子的权重。利用蒙特卡罗理论，通过粒子的加权估计值来逼近真实的后验概率密度，可实现递推贝叶斯滤波。

假设从分布已知的函数中采样得到粒子 $x_k^i \sim q(x_k^i \mid x_{0:k-1}^i, z_{1:k})$，并给每个粒子赋予权值：

$$\omega_k^i = \omega_{k-1}^i \cdot \frac{p(z_k \mid x_k^i) p(x_k^i \mid x_{k-1}^i)}{q(x_k^i \mid x_{0:k-1}^i, z_{1:k})}$$

其中，$x_{0:k-1}^i$ 表示第 i 个粒子在 0 到 $k-1$ 时刻的状态，z_k 表示 k 时刻的观测值，$p(z_k \mid x_k^i)$ 表示似然函数，$p(x_k^i \mid x_{k-1}^i)$ 表示粒子的状态转移概率。根据蒙特卡罗理论，目标的后验概率密度可以表示为

$$p(x_k \mid z_{1:k}) \approx \sum_{i=1}^{N} \widetilde{\omega}_k^i \delta(x_k - x_k^i)$$

其中，N 表示粒子个数，$\widetilde{\omega}_k^i$ 为归一化的权值。

随着时间推移，粒子在传播过程中极易产生粒子退化现象。对于粒子退化程度，我们可以用有效采样尺度 N_{eff} 来度量：

$$\hat{N}_{\text{eff}} = \frac{1}{\sum_{i=1}^{N} (\widetilde{\omega}_k^i)^2}$$

其中，$\widetilde{\omega}_k^i$ 为归一化权值。由上式可以看出 $1 \le N_{\text{eff}} \le N$，$N_{\text{eff}}$ 越小，退化问题越严重。当权重方差接近于零时，我们便可得到最优轨迹。

我们可以通过在序列采样的基础上对粒子集进行 N 次采样，保留大权值粒子，消除小

权值粒子，从而产生新的粒子集 $\{x_{0:k}^{i*}\}_{i=1}^{N}$，提高样本的有效性，解决粒子退化问题。

基于粒子滤波的跟踪方法首先对跟踪目标进行建模，并定义一种相似度度量来确定粒子与目标之间的匹配程度。在目标搜索的过程中，该方法会根据当前的跟踪结果重采样粒子分布，并根据该粒子分布对粒子进行扩散，然后再通过分析扩散的结果来重新评估目标的状态，并最后归一化更新目标的状态。

对于视觉目标，基于粒子滤波的算法流程如下。

1）首帧初始化：对于每一个目标，根据先验密度函数采样 N 个粒子，粒子状态表征模型表示为 $x=(\text{Bbox}(cx,cy,ch,cw),\text{Dist}(X,Y,Z,v_x,v_y))$。其中 $\text{Bbox}(cx,cy,ch,cw)$ 表示图像坐标系下目标检测框的位置信息，$\text{Dist}(X,Y,Z,v_x,v_y)$ 表示车体坐标系下对应目标的距离信息。窗口位置与尺寸的初始化主要由检测结果给定，令初始速度 $v_x=v_y=0$，设定粒子集初始化权重 $\omega_i=1/N$。

2）随机扩散：采用二阶动态模型对这 N 个粒子进行随机扩散，每个粒子都扩散到新的位置，即新的粒子集合。

3）计算关联度：计算粒子群中粒子与模板目标框的关联度 A_{IOU}、距离关联度 A_{dist}，建立度量关系 $d=A_{\text{IOU}}+A_{\text{dist}}$，并利用一维高斯函数 $f(g)$ 进行离散化处理，之后再进行归一化处理，得到粒子权重 ω_i，其中 $f(g)$ 满足正态分布，即 $f(g)=\dfrac{1}{\sqrt{2\pi}\sigma}e^{-\frac{(d-\mu)^2}{2\sigma^2}}$。

4）状态估计：对各粒子的权重与状态模型计算加权平均状态，将求解的结果作为目标在新时刻的估计状态输出。

5）跟踪下一帧：返回步骤2进入下一帧跟踪，直到连续跟踪帧数达到设定值。

该方法的跟踪速度特别快，而且能解决目标的部分遮挡问题，在实际工程中被越来越多地使用。

5.3.2　多目标跟踪方法

基于视觉的单目标跟踪需要从图像的角度来考虑目标的特征信息。基于视觉的多目标跟踪则更进一步，需要考虑在当前帧中的目标与历史航迹中的目标进行关联，之后再进行跟踪。这可以看成目标关联方法和跟踪方法的组合。其中，比较有名的基于视觉的多目标跟踪方法如 SORT 系列。

1. SORT 算法

SORT（Simple Online and Realtime Tracking）是一种非常有效的基于检测的经典跟踪算法，也是图像域中最常用的检测算法之一。它主要是根据检测结果来建立跟踪器，以实现在连续图像帧中对多个目标的关联、轨迹预测等功能。

SORT 算法主要有两大部分：卡尔曼滤波（Kalman Filter，KF）和匈牙利算法（Hungarian Algorithm，HA）。首先，它采用匈牙利算法将检测结果与跟踪器中的预测结果进行 IOU 匹配，然后采用卡尔曼滤波对匹配到的目标轨迹进行预测，并对未匹配到的目标信息进行更新，流程如图 5-49 所示。由于 SORT 算法采用在线跟踪方式，可以在不使用未来帧信息和保持帧速率的前提下，提供最好的模型性能。

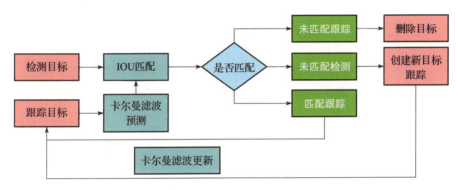

图 5-49　SORT 算法流程

为了解决 SORT 算法中检测结果和跟踪结果的分配问题，SORT 算法使用匈牙利算法在检测器的检测结果和跟踪器的跟踪轨迹之间找到一个代价最小的最优分配。SORT 算法采用带权重的匈牙利算法逐帧跟踪目标之间的关联，用 IOU 距离作为匈牙利算法的权重，同时通过给 IOU 设置一个阈值来界定错误的匹配，屏蔽无效的关联结果。通过 IOU 阈值的设置实现对短时遮挡一定程度的容忍，但只适用于障碍物比目标略大的情况。当目标短时间被遮挡时，检测器可能会错误地将目标附近的障碍物识别为目标。IOU 在大小相似且距离相近的物体中的计算结果较大，通常不会得到一个低于阈值的结果，这导致被遮挡目标的跟踪轨迹匹配中断，并与短时间内遮挡物体的障碍物进行匹配。因此，当遮挡结束时，真实目标可以根据障碍物的轨迹快速恢复正确的关联。

当 SORT 算法工作时，跟踪器首先通过卡尔曼滤波估计每个目标在下一帧图像中的定位，然后根据每个检测器在下一帧图像中的识别结果计算与跟踪器的预测结果的 IOU，将 IOU 作为匈牙利算法的代价矩阵，并使用匈牙利算法优化各个目标的轨迹。当检测框与预测框重叠度小于 IOU 阈值时，拒绝将两者进行匹配。

假设检测模型检测出障碍物在图像坐标系下的位置信息为 (cx, cy, cw, ch)，障碍物距离转换到车体坐标系的位置信息为 (x, y, v_x, v_y)，障碍物类别为 obj_cls，当前帧 i 个障碍物检测容器 det_i 可以表示为

$$\text{det}_i = (cx_i, cy_i, cw_i, ch_i, x_i, y_i, v_{xi}, v_{yi}, \text{obj\_cls}_i)$$

当前帧 j 个障碍物跟踪器 trk_j 可以表示为

$$\text{trk}_j = (cx_j, cy_j, cw_j, ch_j, x_j, y_j, v_{xj}, v_{yj}, \text{obj\_cls}_j, \text{obj\_id}_j)$$

其中，obj_id 为障碍物的跟踪 ID。采用目标的运动信息、形状信息以及 IOU 来构建关联矩阵。

图 5-50 展示了检测器与跟踪器示意图。

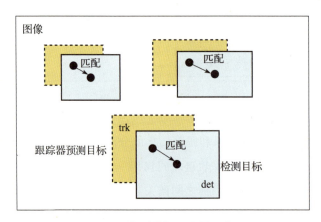

图 5-50　检测器与跟踪器示意图

首先采用卡尔曼滤波对上一帧跟踪目标的运动状态进行预测，可以得到预测跟踪目标和检测目标之间的运动关系系数：

$$A_{\text{cmot}}(\text{trk}_j, \text{det}_i) = e^{-\left(\left(\frac{cx_{\text{trk}} - cx_{\text{det}}}{cw_{\text{det}}}\right)^2 + \left(\frac{cy_{\text{trk}} - cy_{\text{det}}}{ch_{\text{det}}}\right)^2\right)}$$

其中，$(cx_{\text{trk}}, cy_{\text{trk}})$ 为跟踪目标在图像坐标系中预测框的中心坐标，$(cx_{\text{det}}, cy_{\text{det}})$ 为当前帧

检测到图像坐标系中目标框的中心坐标，cw_{det}、ch_{det} 分别为当前帧检测到的目标的像素宽、高。

预测跟踪目标与检测目标之间的形状关系系数为

$$A_{\text{csize}}(\text{trk}_j, \det_i) = \mathrm{e}^{-\left(\frac{|ch_{\text{trk}} - ch_{\text{det}}|}{ch_{\text{det}} + ch_{\text{trk}}} + \frac{|cw_{\text{trk}} - cw_{\text{det}}|}{cw_{\text{det}} + cw_{\text{trk}}} \right)}$$

其中，cw_{trk}、ch_{trk} 分别为跟踪目标的框的宽和高。

预测跟踪目标与检测目标之间 IOU 的计算公式如下：

$$A_{\text{cIOU}}(\text{trk}_j, \det_i) = \frac{B_{\text{trk}} \cap B_{\text{det}}}{B_{\text{trk}} \cup B_{\text{det}}}$$

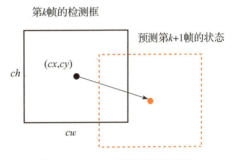

第 k 帧的检测框

预测第 $k+1$ 帧的状态

其中，B_{trk} 为跟踪器中目标的像素边界框，目标边界框的中心坐标为跟踪目标预测的中心点坐标，像素宽高为最优匹配后边界框的宽高；B_{det} 为当前帧检测到的目标框，如图 5-51 所示。

图 5-51　IOU 关联属性示意图

所以，整个视觉的关联代价矩阵可以表示为

$$\boldsymbol{A}_{\text{c}}(\text{trk}_j, \det_i) = 1 - (w_3 * \boldsymbol{A}_{\text{cmot}} * \boldsymbol{A}_{\text{csize}} + w_4 \boldsymbol{A}_{\text{cIOU}})$$

其中，w_3 为检测目标与预测跟踪目标形状关系矩阵与运动关系矩阵权重，取值一般为 0.5；w_4 为检测与跟踪预测目标框的 IOU 权重，取值一般为 0.5。

2. DeepSort 算法

当物体被遮挡时，SORT 算法中遮挡目标的 ID 容易丢失。为了解决这一问题，研究者提出了 DeepSort 算法。DeepSort 算法在 SORT 算法的基础上增加了级联匹配和新轨迹的确认机制。轨迹可以分为确认状态和未确认状态，新产生的轨迹是未确认状态。未确认轨迹必须和检测出的目标连续匹配超过一定次数才能转换为确认状态。如果确认的轨迹和检测出的目标连续失配一定次数，则被删除。

从图 5-52 所示的流程中可以看出，DeepSort 的整体框架相比于 Sort 算法框架没有大的改动，仍然延续了卡尔曼滤波和匈牙利算法的思路，只是在此基础上增加了级联匹配和状态确认等操作。

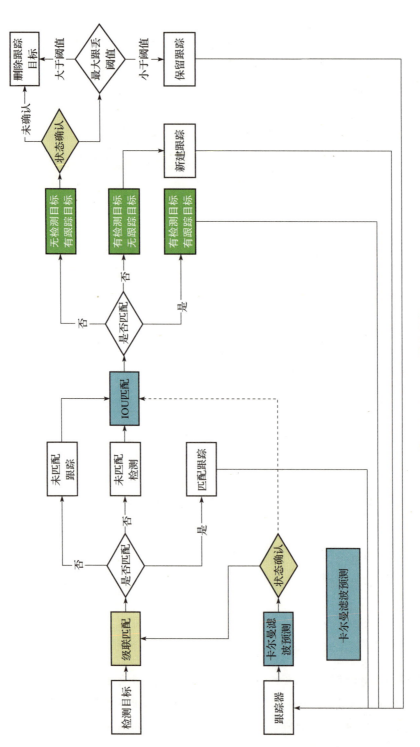

图5-52　DeepSort算法流程

其中，级联匹配可以分为两部分：一部分是相似度估计，也就是计算匹配问题的代价矩阵；另一部分是采用匈牙利算法将检测目标与预测目标进行匹配，具体流程如图 5-53 所示。

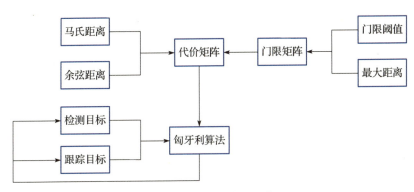

图 5-53　级联匹配算法示意图

假设检测模型在图像中检测出的障碍物位置信息为 (cx, cy, cw, ch)，障碍物距离转换到车体坐标系后的位置属性为 (x, y, v_x, v_y)，障碍物类别为 obj_cls，所以当前帧 i 个障碍物检测容器 $\det_i$ 可以表示为一个包含位置、距离和类别信息的容器：

$$\det_i = (cx_i, cy_i, cw_i, ch_i, x_i, y_i, v_{xi}, v_{yi}, \text{obj\_cls}_i)$$

j 个障碍物跟踪器 trk_j 可以表示为

$$\text{trk}_j = (cx_j, cy_j, cw_j, ch_j, x_j, y_j, v_{xj}, v_{yj}, \text{obj\_cls}_j, \text{obj\_id}_j)$$

其中，obj_id 为障碍物的跟踪 ID。

DeepSort 的算法流程如下。

1）首先，将当前帧目标检测的 Bbox 和上一帧跟踪的 Bbox 逐一进行 IOU 匹配，然后将 IOU 匹配的结果送入代价矩阵。

2）将代价矩阵作为匈牙利算法的输入，并进行线性匹配，可以得到 3 种匹配结果：未匹配的轨迹被删除（该轨迹是不确定状态，如果是确定状态，需要达到一定次数才可以删除）；未匹配的检测可以初始化为一个新的轨迹；检测目标框与历史跟踪中的目标框匹配成功，将其对应的检测属性通过卡尔曼滤波更新对应的轨迹属性。

3）循环步骤1）、2），直到出现确认的轨迹。

4）通过卡尔曼滤波预测确认的跟踪目标属性和未确认的目标属性，将确认轨迹的目标属性与检测目标属性进行级联匹配（如空间下的距离匹配、运动跟踪等）。

5）级联匹配后也会出现3种结果：跟踪航迹匹配成功，这样的匹配是通过卡尔曼滤波更新对应的跟踪属性；其他两种结果是匹配失败，包含跟踪在但检测不在，以及跟踪不在但检测在，将未确认状态的轨迹和没有匹配的轨迹与未匹配的检测信息逐一进行IOU匹配，再通过IOU匹配结果计算代价矩阵。

6）将代价矩阵作为匈牙利算法的输入，得到线性的匹配结果，同样得到3种结果：未匹配的轨迹；未匹配的检测；匹配成功更新跟踪属性。

7）循环步骤4）到6），直到跟踪结束。

5.4 红绿灯与交通标识牌的视觉后处理

红绿灯和交通标识牌都属于小目标检测范畴。对于小目标检测，它们的尺寸相对较小、分辨率相对较低，可能会导致小目标的检出率以及准确率降低。所以，要提高小目标的检测稳定性，我们就需要增加额外的后处理策略。考虑到红绿灯、标识牌通常是悬在空中的，它们的后处理策略和普通的交通参与者处理策略不同，需要进行特殊的处理。

5.4.1 红绿灯视觉后处理

与障碍物位置相比，红绿灯的重要性更多体现在其丰富的语义信息上，尤其是颜色变化。因为交通灯是不断闪烁的，受光照、老化程度的影响，以及道路场景的多变性和复杂性的影响，深度学习模型可能只能提供相对准确的位置框信息，而无法得到准确的颜色信息。所以，红绿灯的感知后处理部分可以分为位置跟踪和信号跟踪两个环节。

1. 位置跟踪

红绿灯的位置跟踪是在深度学习提供的图像框基础上，通过滤波方法对红绿灯信号的潜在区域进行精细定位。可以采用IOU关联策略将当前帧检出的红绿灯框与历史帧中的红绿灯框进行关联匹配，然后利用卡尔曼滤波技术对这些框的角点进行跟踪，具体方法参考5.3节的相关材料。下面给出相关的计算示例代码：

```
1.  float calculateIOUBBox(const BBox2D &box1, const BBox2D &box2) {
2.      cv::Rect2d rect1 = BBox2DToRect(box1);
```

```
3.        cv::Rect2d rect2 = BBox2DToRect(box2);
4.        cv::Rect2d intersection = getBox1IntersectionBox2(rect1, rect2);
5.        cv::Rect2d unionsection = getBox1UnionBox2(rect1, rect2);
6.        float intersection_area = intersection.width * intersection.height;
7.        float unionsection_area = unionsection.width * unionsection.height;
8.        return intersection_area / unionsection_area;
9.    }
10.
11. float scoreOverlap(const BBox2D &history_obj, const BBox2D &detect_obj) {
12.        float iou = calculateIOUBBox(history_obj, detect_obj);
13.        return iou;
14.  }
15.
16. bool compareIOU(const BBox2D &box1, const BBox2D &box2) {
17.        float iou = scoreOverlap(box1, box2);
18.        return scoreOverlap(box1, box2) > IOU_THRES;
19.  }
20.
21. bool bboxMatch(std::vector<BBox2D> history_bboxs, BBox2D detect_bbox) {
22.        bool bboxMatched = false;
23.        std::vector<BBox2D>::iterator iter =
24.            std::find_if(std::begin(history_bboxs), std::end(history_bboxs),
25.                std::bind(compareIOU, std::placeholders::_1, detect_bbox));
26.        if (iter != history_bboxs.end()) {
27.            bboxMatched = true;
28.        }
29.        return bboxMatched;
30.  }
31. bool historyMatch(GroupHistory &history_group,
32.                          TrafficLightGroup traffic_light_group) {
33.        bool tracked = false;
34.        for (int i = 0; i < traffic_light_group.traffic_light_set.size(); i++) {
35.            if ((!history_group.tracked) &&
36.                    bboxMatch(history_group.last_bboxs, traffic_light_group.
                        traffic_light_set[i].bbox2d)) {
37.                history_group.tracked = true;
38.                tracked = true;
39.                break;
40.            }
41.        }
42.        return tracked;
43.  }
```

对已经跟踪的红绿灯信号，我们可以通过分析跟踪框的高度、宽度、宽高比等信息来判断信号灯的形状，并初步确定真正的信号区域。尽管气候、道路等环境因素会对采集的交通信号灯图像产生不同程度的噪声、褪色及形变等影响，但交通信号灯的基本形状和几何尺寸不会发生太大的变化。根据信号灯的设计规范，我们可以通过以下标准来判别信号灯的方向：如果宽度/高度>2，则认为该信号灯为横向信号灯；如果高度/宽度>2，则认为该信号灯为纵向信号灯；如果宽度≈高度，则该信号灯为单筒信号灯，如图 5-54 所示。下面给出信号灯横纵向判断的示例代码：

```
1.   bool isVerticalGroup(TrafficLightGroup &traffic_light_group) {
2.       bool is_vertical = false;
3.       float height = 0.0, width = 0.0;
4.       for (auto traffic_light : traffic_light_group.traffic_light_set) {
5.           height = traffic_light.bbox2d.ymax - traffic_light.bbox2d.ymin;
6.           width = traffic_light.bbox2d.xmax - traffic_light.bbox2d.xmin;
7.           if (height / width > 2.0) {
8.               is_vertical = true;
9.               break;
10.          }
11.      }
12.      return is_vertical;
13.  }
14.
15.  bool isHorizontalGroup(TrafficLightGroup &traffic_light_group) {
16.      bool is_horizontal = false;
17.      float height = 0.0, width = 0.0;
18.      for (auto traffic_light : traffic_light_group.traffic_light_set) {
19.          height = traffic_light.bbox2d.ymax - traffic_light.bbox2d.ymin;
20.          width = traffic_light.bbox2d.xmax - traffic_light.bbox2d.xmin;
21.          if (height / width <= 2.0) {
22.              is_horizontal = true;
23.              break;
24.          }
25.      }
26.      return is_horizontal;
27.  }
```

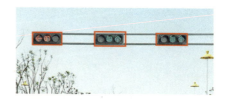

图 5-54　3 种不同形状的信号灯

2. 信号跟踪

在完成红绿灯框的位置跟踪和形状判断后，我们需要对红绿灯的颜色信号进行识别。根据交通信号灯的设计规范，信号灯的灯板是一个黑色的矩形框，红绿灯颜色出现的位置有一定的规律。

如图 5-55 所示，对于横向安装的红绿灯，其排列顺序通常为红灯在左侧、黄灯在中间、绿灯在右侧；对于纵向安装的红绿灯，其排列顺序通常为红灯在上方、黄灯在中间、绿灯在下方。我们可以利用深度学习或者亮度统计方法给出信号灯的颜色信号，并对信号灯进行跟踪处理。

图 5-55 红绿灯顺序排列图

下面给出通过分割对信号灯信号进行判断的示例代码：

```
1.  TrafficLightColor ReviseSingleBySemantic(
2.          SemanticTable semantic_table, std::vector<TrafficLightPtr> *lights){
3.      std::vector<int> vote(static_cast<int>(TrafficLightColor::TL_TOTAL_COLOR_NUM), 0);
4.      std::vector<TrafficLightPtr> &lights_ref = *lights;
5.      TrafficLightColor max_color = TrafficLightColor::TL_UNKNOWN_COLOR;
6.
7.      for (size_t i = 0; i < semantic_table.light_ids.size(); ++i) {
8.          int index = semantic_table.light_ids.at(i);
9.          TrafficLightPtr light = lights_ref[index];
10.         auto color = light->status.color;
11.         vote.at(static_cast<int>(color))++;
12.     }
13.
14.     if ((vote.at(static_cast<size_t>(TrafficLightColor::TL_RED)) == 0) &&
15.         (vote.at(static_cast<size_t>(TrafficLightColor::TL_GREEN)) == 0) &&
16.         (vote.at(static_cast<size_t>(TrafficLightColor::TL_YELLOW)) == 0)) {
17.         if (vote.at(static_cast<size_t>(TrafficLightColor::TL_BLACK)) > 0) {
18.             return TrafficLightColor::TL_BLACK;
19.         } else {
20.             return TrafficLightColor::TL_UNKNOWN_COLOR;
21.         }
22.     }
23.
24.     vote.at(static_cast<size_t>(base::TLColor::TL_BLACK)) = 0;
25.     vote.at(static_cast<size_t>(base::TLColor::TL_UNKNOWN_COLOR)) = 0;
26.
27.     auto biggest = std::max_element(std::begin(vote), std::end(vote));
28.
```

```
29.        int max_color_num = *biggest;
30.        max_color = TrafficLightColor(std::distance(std::begin(vote), biggest));
31.
32.        vote.erase(biggest);
33.
34.        auto second_biggest = std::max_element(std::begin(vote), std::end(vote));
35.
36.        if (max_color_num == *second_biggest) {
37.            return base::TLColor::TL_UNKNOWN_COLOR;
38.        } else {
39.            return max_color;
40.        }
41. }
```

信号灯检测跟踪整体流程如图 5-56 所示。

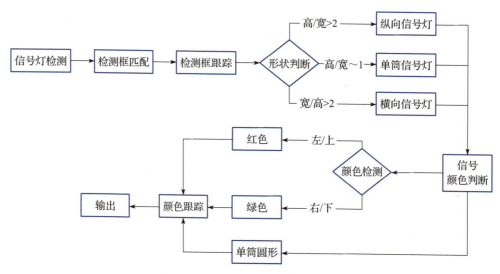

图 5-56　信号灯检测跟踪整体流程

以上是红绿灯视觉后处理的全部内容。但在自动驾驶中，仅凭感知层面的红绿灯检测和后处理是远远不够的，很容易造成误检、漏检等问题，这对下游进行车辆控制有极大的影响（如图 5-57 所示，远距离的红绿灯信息模糊，无法有效检出颜色信息，对车辆自动驾驶有一定的干扰）。为了实现精准的红绿灯识别，我们需要结合高精地图和 V2X 技术。高精地图可以提供自车所在的车道信息和相对红绿灯的距离信息，同时 V2X 技术可以感知到红绿灯的状态，将两者结合，再加上视觉感知提供的冗余信息，能够准确地获取红绿灯的真实信号。

图 5-57　十字路口红绿灯检出效果示意图

5.4.2　交通标识牌视觉后处理

相比于交通信号灯的后处理，交通标识牌的后处理相对简单，它不需要关注颜色信号的变化，只需要将标识牌的具体含义传递给车辆，以便进行速度和周围环境的判断。然而，交通标识牌本身较小，可利用的特征信息有限，再加上样本分布不均衡，这可能会导致模型输出的标识牌类别中存在很多错误信息。此外，为了避免给驾驶员产生错误的干扰，有些 OEM 对 HMI 供应商输出的标识牌设置了优先级限制。

交通标识牌的后处理可以按照属性分为位置跟踪和类型跟踪两部分。位置跟踪方法与交通信号灯的位置跟踪方法一致。这里主要介绍类型跟踪。交通标识牌后处理整体流程如图 5-58 所示。

在检测过程中，当系统首次检测到交通标识牌时，由于标识牌可能距离车辆较远，标识牌尺寸很小，纹理特征不清楚，很难正确识别出标识牌的内容，所以需要对标识牌清晰度进行判断，只有当清晰度达到一定的标准后，才能进行跟踪。一种简单粗暴的方法是认为一切尺寸小于阈值（如 25×25 像素）的标识牌都模糊。

同时，标识牌纹理特征不清晰，可能会导致相似的标识牌给出错误的类型，如图 5-59 所示限速 40 和限重 40 经常会出现混淆，所以需要进行类型匹配。类型匹配的大体流程如下。

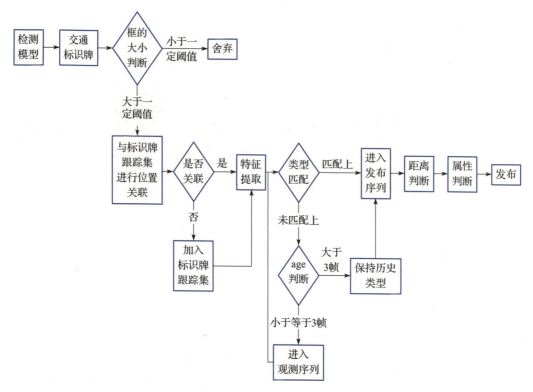

图 5-58 交通标识牌后处理整体流程

图 5-59 易混淆的标识牌示例图

1）首先利用标志牌特征提取网络模型构建一个标识牌特征样本库。

2）将每一帧图像中位置关联上的标识牌输入标志牌特征提取模型，得到每个标识牌的特征向量。

3）将得到的特征向量与标识牌特征样本库进行比对，将比对得分最高的类别赋值给关联的标识牌，记为 cls_{det}。

4）将获取的类别 cls_{det} 与历史关联类别 cls_{trc} 比较，如果 $cls_{det} = cls_{trc}$，则将该目标放入待输出标识牌序列集；如果 $cls_{det} \neq cls_{trc}$，且跟踪周期 $age_{det} < 3$ 帧，则将其加入待观测标识

牌序列，待 $age_{det} \geqslant 3$ 后，再加入待输出标识牌序列。

5）利用标识牌的尺寸一致性对待输出标识牌序列中的标识牌进行距离换算，结合自车速度信息，筛选出符合距离条件的标识牌。

6）最后，对处于相同纵向距离的标识牌进行属性判断（一般，OEM 会给出相关的属性判断条件），并送入 HMI 进行显示。

以上内容是标识牌后处理的全部流程。和交通信号灯一样，仅仅依靠感知层面的检测和后处理是远远不够的，对 NOA 中的融合限速功能来说是不满足条件的，所以需要结合高精地图信息来保证精度要求。高精地图可以提供自车所在的车道信息和对应的限速信息，再结合视觉感知得到的标识牌类型，能满足融合限速功能要求。

5.5 视觉后处理与辅助驾驶功能

在辅助驾驶或者更高级的智能驾驶中，与目标测距相关的主要是 AEB（Advanced/Automatic Emergency Braking，自动紧急制动）、ACC（Adaptive Cruise Control，自适应巡航控制）、FCW（Forward Collision Warning，前向碰撞警告）等功能。当前大多数 ACC 系统采用毫米波来探测前方的车辆，但由于传统的毫米波雷达对静止的目标和行人测距精度不高，所以对于 AEB 系统和 FCW 系统，更多采用摄像头来对车辆和行人进行测距。

5.5.1 CNCAP 中的 AEB

AEB 能够实时检测车辆前方行驶环境，并在检测到可能发生碰撞危险时自动激活车辆制动系统，使车辆减速，以辅助驾驶员避免碰撞或减轻碰撞后果。

FCW 同样能够实时检测车辆前方行驶环境，并在检测到可能发生碰撞危险时自动发出警告，提醒驾驶员采用相关的制动策略。FCW 可以看成 AEB 的警报行为。AEB 的相关场景如表 5-5 所示。

表 5-5 AEB 场景分类

AEB 针对目标类型	场景	场景描述			
		目标车	本车	碰撞位置	测试功能
AEB 针对车	CCRs	前车静止	20～80km/h 直行	−50%、100%、50%	AEB、FCW
	CCRm	20km/h 直行（纵向）	30～80km/h 直行	−50%、100%、50%	AEB、FCW

（续）

AEB 针对目标类型	场景	场景描述			
		目标车	本车	碰撞位置	测试功能
AEB 针对人	CPNA 白天	5km/h 横穿	20~60km/h 直行	75%、25%	AEB
	CPFA 白天	6.5km/h 横穿	20~60km/h 直行	50%、25%	AEB
	CPFA 夜晚	6.5km/h 横穿	20~60km/h 直行	25%	AEB
	CPLA 白天	5km/h 直行（纵向）	20~80km/h 直行	50%、25%	AEB、FCW
	CPLA 夜晚	5km/h 直行（纵向）	20~80km/h 直行	50%、25%	AEB、FCW
AEB 针对两轮车	CBNA 自行车	15km/h 横穿	20~60km/h 直行	50%	AEB
	CSFA 踏板摩托车	20km/h 横穿	30~60km/h 直行	50%	AEB
	CBLA 自行车	15km/h 直行（纵向）	20~80km/h 直行	50%、25%	AEB、FCW

1. AEB 针对车

AEB 针对车主要有两种场景：CCRs（Car-to-Car Rear stationary，车辆追尾前方静止车辆）和 CCRm（Car-to-Car Rear moving，车辆追尾前方行驶车辆），如图 5-60 和图 5-61 所示。

AEB：20km/h、30km/h、40km/h
FCW：50km/h、60km/h、70km/h、80 km/h

0km/h

图 5-60　CCRs 场景示意图

AEB 的 CCR 测试场景要求在所有速度点的 100% 重置率全部测试，以确保系统在不同速度下均能正确响应。对于左右偏置率，测试要求略有不同，仅需测试一半，可以选择默认左侧 50% 或右侧 50% 进行测试。

AEB：30km/h、40km/h、50km/h   20km/h
FCW：60km/h、70km/h、80 km/h

图 5-61　CCRm 场景示意图

2. AEB 针对两轮车

AEB 针对两轮车场景主要包括 CBNA-50、CSFA-50、CBLA-25、CBLA-50 四种测试场景。这些场景涵盖了骑自行车的骑行人和骑踏板摩托车的骑行人，如图 5-62 所示。

图 5-62　两轮车示意图

CBNA（Car-to-Bicyclist Nearside Adult，车辆碰撞近端骑行人）：在 CBNA-50 场景下，两轮车（Bicyclist Target Adult，BTA）以 15km/h 的速度垂直于车辆行驶方向移动。自车分别以 20km/h、30km/h、40km/h、50km/h 和 60km/h 的速度进行测试。碰撞位置设定在车头的 50%处，对应图 5-63 中的 E 点。

CBLA（Car-to-Bicyclist Longitudinal Adult，车辆碰撞纵向行驶的骑行人）：在 CBLA-50 场景下，两轮车以 15km/h 的速度沿着与车辆行驶相同的方向移动。自车分别以 20km/h、30km/h、40km/h、50km/h 和 60km/h 的速度进行测试。碰撞位置设定在车头的 50%处，对应图 5-64 中的 U 点。在 CBLA-25 场景下，两轮车以 15km/h 的速度沿着与车辆行驶相同的方向移动。自车分别以 50km/h、60km/h、70km/h、80km/h 的速度进行测试。碰撞位置设定在车头 25%处，对应图 5-64 中的 V 点。

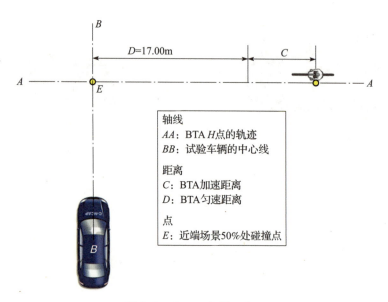

图 5-63 CBNA 场景示意图

注：BTA（Bicyclist Target Adult，骑自行车的目标成年人）。

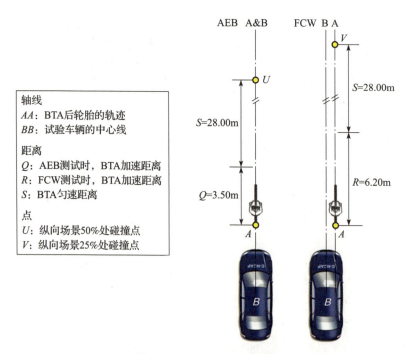

图 5-64 CBLA 场景示意图

CSFA（Car-to-Scooter Farside Adult，车辆碰撞远端骑踏板式摩托车的成年人）：在 CS-FA-50 场景下，踏板式摩托车以 20km/h 的速度垂直于车辆行驶方向进行移动。自车分别以 30km/h、40km/h、50km/h 和 60km/h 的速度进行测试。碰撞位置设定在车头 50% 处，对应图 5-65 中的 *M* 点。

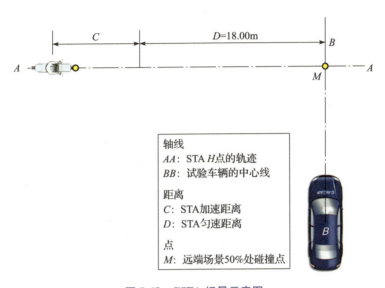

图 5-65　CSFA 场景示意图

注：STA（Scooter Target Adult，骑踏板车的目标成年人）。

3. AEB 针对人

AEB 针对人的场景主要包括 CPNA、CPFA、CPLA 三种，此外还增加了夜间测试场景，主要有 CPFA-25 白天和夜晚、CPFA-50 白天、CPNA-25 白天和 CPNA-75 白天、CPLA-50 白天和夜晚、CPLA-25 白天和夜晚。假人示意图如图 5-66 所示。

图 5-66　假人示意图

CPFA（Car-to-Pedestrian Farside Adult，车辆碰撞远端成年人）：在远端场景下，行人以 6.5km/h 的速度垂直于车辆行驶方向进行移动。自车分别以 20km/h、30km/h、40km/h、50km/h 和 60km/h 的速度进行测试。碰撞位置设定在车头的 25% 和 50% 处，对应图 5-67 中的 *M* 和 *L* 点。

CPNA（Car-to-Pedestrian Nearside Adult，车辆碰撞近端成年人）：在近端场景下，行人

以 5km/h 的速度垂直于车辆行驶方向进行移动。自车分别以 20km/h、30km/h、40km/h、50km/h 和 60km/h 的速度进行测试。碰撞位置设定在车头的 25% 和 75% 处，对应图 5-68 中的 M 和 K 点。

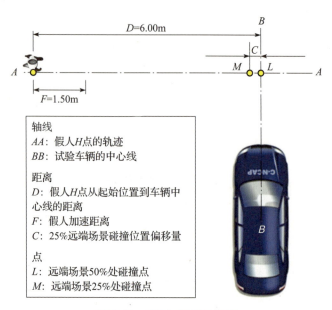

图 5-67　CPFA 场景示意图

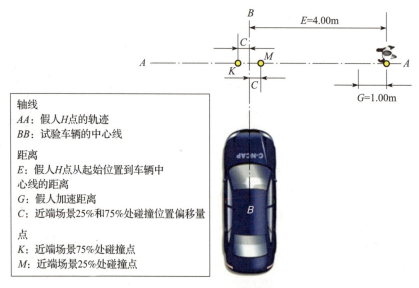

图 5-68　CPNA 场景示意图

CPLA (Car-to-Pedestrian Longitudinal Adult，车辆碰撞纵向行驶的成年人)：在 CP-LA-50 纵向场景下，行人以 5km/h 的速度沿着车辆行驶相同的方向进行移动。自车分别以 20km/h、30km/h、40km/h、50km/h 和 60km/h 的速度进行测试。碰撞位置设定在车头 50% 处，对应图 5-69 中的 L 点。在 CPLA-25 纵向场景下，行人以 5km/h 的速度沿着与车辆行驶相同的方向进行移动。自车分别以 50km/h、60km/h、70km/h 和 80km/h 的速度进行测试。碰撞位置设定在车头 25% 处，对应图 5-69 中的 M 点。

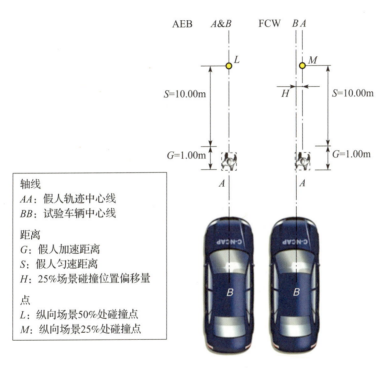

图 5-69 CPLA 场景示意图

5.5.2 AEB 与视觉测距

AEB 触发机制是基于前方目标处于潜在碰撞危险的判断。以车辆为例，一般车辆的宽度在 1.5m 到 1.8m 之间，当两车横向距离小于这一车宽时，系统判定存在碰撞风险。我们通常采用 TTC (Time To Collision，碰撞时间) 模型来评估碰撞风险。TTC 模型是根据计算自车与前车可能发生碰撞的时间进行判断和决策，并通过设定不同的时间域阈值进行危险等级的划分。当 TTC 在某个阈值范围内，系统会采用对应的策略进行预警或者自动制动，如图 5-70 所示。

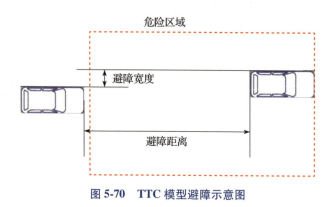

图 5-70　TTC 模型避障示意图

TTC 模型的计算公式如下：

$$\mathrm{TTC} = \frac{d_{\mathrm{br}} - d_0}{v_{\mathrm{rel}}}$$

其中，d_0 为安全停车距离，v_{rel} 为两车的相对速度。根据相关资料显示，在不同驾驶情况下，TTC 值有所不同：正常行驶时为 2.6s，开始制动时为 1.6s，最危险时为 0.6s，如表 5-6 所示。

如果不考虑融合方案，单纯依靠纯视觉方案来执行 AEB 控制，对视觉的横纵向测距精度的要求非常高。为了更好地介绍 AEB 与视觉测距之间的关系，这里将 AEB 分为试验场中的 AEB 和开放道路中的 AEB。

表 5-6　AEB 控制策略下的 TTC 值

AEB 控制策略	TTC 值
不做处理	TTC>2.6s
车辆预警	1.6s<TTC<2.6s
部分制动	0.6s<TTC<1.6s
全制动	TTC<0.6s

1. 试验场中的 AEB 与视觉横向测距信息

试验场中的 AEB 测试场景比较简单，因为场地比较空旷，且没有其他交通参与者的干扰。另外，试验场中往往采用机器控制试验假人和假车，这种方式有一个特点是假人和假车的速度是均匀的。所以，在进行假人、假两轮车的横穿场景测试时，其纵向速度为零，横向速度均匀。因此，针对道路弱势群体（Vulnerable Road User，VRU）目标的横穿场景，我们可以近似地将其看作在自车坐标系下的弧线运动。如图 5-71 所示，区域 $S1$ 为紧急制动区，表示未来 T 秒内经过该区域的目标都有可能严重威胁到自车安全，即试验场碰撞区；S1 以外的区域为安全区域，意味着车辆刹停后不会发生碰撞。所以，在横穿试验场场景下，期望 VRU 在自车坐标系下的轨迹为 L1。

针对图 5-71 涉及的场景，在自车坐标系下，利用 VRU 的横纵向速度进行约束。假设点 $P_0(X_0, Y_0)$ 为当前时刻检测出的 VRU 位置点，点 $P_1(X_1, Y_1)$ 为下一时刻检测出的 VRU 位置点，如图 5-72 所示。

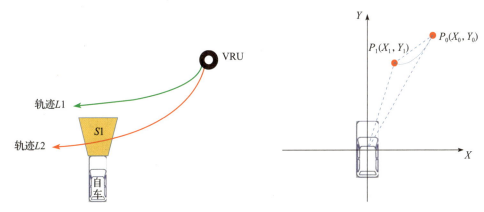

图 5-71　在自车坐标系下 VRU 横穿场景的轨迹　　图 5-72　横穿场景下 VRU 位置示意图

所以，VRU 的横纵向速度分别表示为

$$V_X = \frac{X_0 - X_1}{\Delta t}$$

$$V_Y = \frac{Y_0 - Y_1}{\Delta t}$$

由于试验场中目标是横穿的，且自车的偏航角 yaw = 0，所以目标的纵向速度 V_Y 的绝对值与自车速度的绝对值相等。我们可以利用自车的速度约束求解 VRU 的纵向距离。

对于行人场景，试验场行人以 5km/h 或 6.5km/h 进行横穿，所以 $V_X = 5$km/h 或 6.5km/h，另外因为摄像头两帧之间测量的视觉横向速度误差相对较大，所以可以在运动一段距离后，采用平均速度进行拟合，从而求解行人的横向距离。

对于骑行人场景，试验场自行车骑行人的横向速度为 15km/h，摩托车骑行人的横向速度为 20km/h，采用前后轴通过参考点的方法进行约束（假设检测模型会输出车轮信息），从而求解骑行人的横向距离，计算公式为 $V_x = 3.6L/t = 3.6Lf/n$，其中 L 为车辆轴距，t 为车辆前后轴通过参考点所用的时间，f 为帧率，n 为车辆前后轴通过参考点所用的帧数。

2. 开放道路中的 AEB 与视觉横向测距信息

试验场 AEB 测试场景比较单一，实际道路中场景比较复杂，可能会导致很多的误触发产生。这就产生了一个关于 AEB 的悖论：既要追求驾驶的安全性，又要避免智能驾驶系统误差造成的误触发。例如自车在行驶过程中因为各种误触发导致车辆急刹车，可能会造成车辆被追尾或者司乘人员飞出，极大地增加了驾驶危险。所以，AEB 功能需要追求平衡性，既要保证必要时刹车，也要避免系统误差导致的误触发。

如图 5-73 所示，区域 S1 为紧急制动区域（即 AEB 区域），表示未来 T 秒内经过该区域的目标都有可能严重威胁自车安全；区域 S2 为预警区域（即 FCW 区域），表示未来 T 秒内经过该区域的目标有可能威胁自车安全，但驾驶员有足够的时间进行制动响应；S1、S2 以外的区域为安全区域，即未来 T 秒内，目标经过该区域不会威胁自车安全。

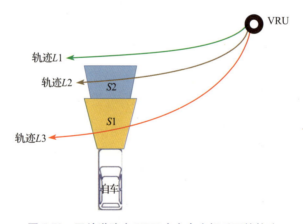

图 5-73　开放道路中 VRU 在自车坐标系下的轨迹

由于行人和骑行人不同于试验场假人和假车，它们的灵活性和运行速度比较随机，我们无法有效准确地预测出其真实轨迹，所以不能采用试验场中提到的方法来处理开放道路中的 AEB 问题，但可以采用预测轨迹的方法对 VRU 目标进行预判，即求解出目标的航向角。VRU 的航向角可以表示为 $\theta = \tan^{-1} \dfrac{Y_1 - Y_0}{X_1 - X_0}$。在得到 VRU 目标航向角信息后，结合该目标的历史航迹信息，采用跟踪滤波的方法求解出目标未来 2.6s 内可能的轨迹，以此判断该目标是否会影响车辆的安全行驶。

此外，在确定安全距离时，由于行人的运动速度相对于车辆的运动速度较低，基于此假设，行人与车辆的相对速度可以假定为车辆的速度。此时，行人与车辆的安全距离为

$$L_s = L_f + L_0 = v_{\text{start}}t + \frac{v_{\text{start}}^2}{2a} + L_0$$

其中，L_0 为最小安全车距，即保证停车后本车与行人之间的纵向最低要求距离，也就是基本安全距离；v_{start} 为本车制动前的初速度（m/s）；a 为本车制动减速度，t 为 2.6s 即（TTC）。

5.5.3　常见问题以及解决方法

虽然介绍了很多理论方法，但这些理论方法无法覆盖实际应用中的所有场景，如弯道上坡、目标车辆的随意变道、异形车等特殊情况。所以，我们从量产角度出发，对实际应用中经常遇到的问题进行归纳，并提出一些解决思路。

问题 1：视觉测距误差较大

当车辆在正常行驶过程中，我们经常会遇到目标测距不准的情况，尤其是在上下坡和远距离时，测距误差尤为明显。如图 5-74 所示的两种场景，无论是在 100m 左右的车辆还是 50m 左右的行人，它们的测距结果都与激光真值相差较远。

　　a）车辆测距不准　　　　　　　　　　　　　　　b）行人测距不准

图 5-74　视觉测距与激光真值的比较示意图

视觉测距不准的因素有很多：路面有坡度不满足平面假设；在弯道场景中动态标定失效导致摄像头外参发生变化；异形车辆的宽度、高度或者遮挡场景下车辆的宽度、高度不满足先验假设等。这些都会影响测距的准确性。图 5-75 所示为平板车和超高底盘车的视觉处理示意图。

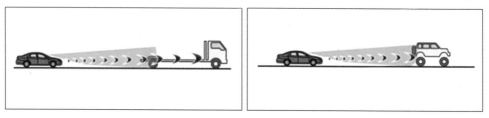

a）平板车示意图　　　　　　　　　　b）高底盘车示意图

图 5-75　平板车和超高底盘车的视觉处理示意图

针对此类问题，我们需要根据实际案例具体分析，并提出相应的解决方案。

1）对于无遮挡目标，我们可以采用不同的测距方法进行测量，并结合投票机制选择最终的距离。如对于前方无遮挡的车辆目标，我们可以采用基于检测框 scale 变化的测距方法和物理尺寸测距方法分别进行测距，然后采用投票机制选择最终的距离；同样，对于无遮挡的行人目标或者骑行人目标，也可以采用两种不同的测距方法分别求得距离后，利用 IMM 滤波算法进行融合得到最终距离。

2）对于弯道或者地面有坡度，我们可以利用动态标定，对摄像头外参进行校正，得到较为准确的标定参数后再进行测距；同样，还可以采用多种不同的测距方法分别得到距离后，进行测距融合得到最终的距离。

3）对于被遮挡的目标，我们需要保证遮挡目标距离准确性，并保证被遮挡目标的危险程度小于遮挡目标。所以，我们只需要保证被遮挡目标距离大于遮挡目标的距离，速度不低于遮挡目标，且距离、速度不发生跳变即可。如图 5-76 所示，车辆 B 相对自车的距离大于车辆 A，且车辆 B 的速度与车辆 A 相当，这种情况下只需要保证车辆 B 的速度和距离稳定即可。另外，我们还需要判断目标的遮挡程度，对于严重遮挡的目标不进行上报和发布。

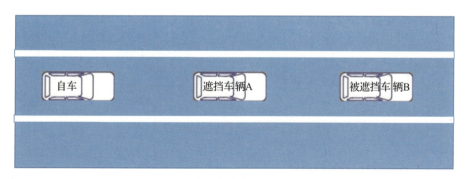

图 5-76　遮挡目标与被遮挡目标示意图

问题 2：不同测距方法之间偏差较大

在车辆运行过程中，同一目标在连续两帧之间可能出现较大的测距偏差。如图 5-77 所示，右侧车道第一辆车在相邻两帧（第 214 帧和第 215 帧）之间的距离相差 2.5m。将图 5-77 中右侧目标的横纵向距离曲线画出后（见图 5-78），可以看出目标车辆在生命周期 25~50 帧之间出现较大的距离跳变。

a）前一帧右侧车辆纵向距离为21.9m

b）前一帧右侧车辆纵向距离为24.4m

图 5-77　右侧目标相邻两帧距离偏差大

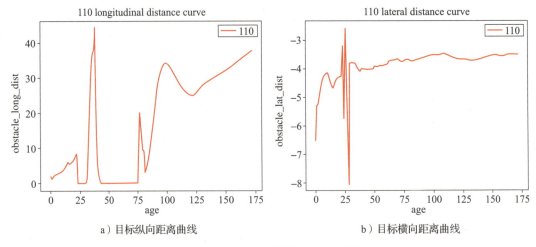

a）目标纵向距离曲线   b）目标横向距离曲线

图 5-78　右侧目标横纵向距离曲线图

经过分析，此类问题发生的原因在于两帧选取的测距方法不一致。具体来说，图 5-77a 中采用接地点测距方法，图 5-77b 中采用先验宽度测距方法，这两种测距方法偏差较大。

除了测距偏差，不同的测距方法还可能造成目标分裂的现象出现。如图 5-79 所示的行人出现分裂场景。这是由于同一帧中对同一目标采用不同的测距方法得到的距离偏差较大，且其中一个测距方法得到的距离无法与航迹有效融合，使跟踪器创建了新的目标航迹，并将目标进行了发布。

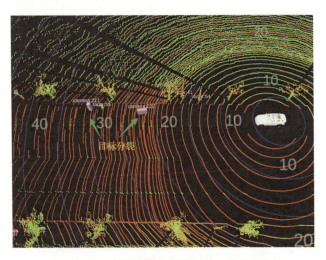

图 5-79　测距方法切换导致的目标分裂现象

针对此类问题，我们可以采用计算方差的方法进行约束。具体来说，在跟踪过程中，对量测值计算距离方差并进行加权滤波，即计算量测值与航迹预测值的方差，方差越大，权重越小，这样可以有效地减少误差。对于距离方差超过均值且连续不超过 3 帧的目标量测值，我们可以将这些数据剔除且不进行状态更新，即相信预测值，这时的预测值是根据历史信息推算出来的，相对准确；对于距离方差超过均值且连续超过 3 帧的目标量测值，则需要更新目标航迹信息，也就意味着目标的运动状态发生了变化。

对于处理目标运动状态发生变化的情况（如车辆目标急刹车或行人目标改变运动方向），跟踪模型需要对速度和方向进行特定约束。对于车辆目标，模型需要根据车辆历史运动属性和特征来推算其运动意图；对于行人，模型需要在跟踪过程中监控横向和纵向的运动特性，以避免行人改变运动方向而导致跟踪失败。

问题 3：　CIPV 等重点目标的不稳定性

在车辆运行过程中，我们需要重点关注几个目标，如 CIPV（Closest In Path Vehicle）车辆、LMC（Left Most Critical）车辆、RMC（Right Most Critical）车辆、Sec CIPV 车辆等，如图 5-80 所示的示意图。这几个目标的运动属性会对自车的行驶路径产生一定的影响，所以对这些关键目标需要保证其距离、速度的稳定性。

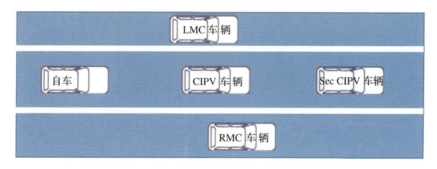

图 5-80　CIPV 等重点目标示意图

针对 CIPV 车辆目标和 Sec CIPV 车辆目标，其处理方式可以参考问题 1、问题 2 的方法来确保测距的稳定性；针对目标 LMC 车辆、RMC 车辆，它们可能会因为切入或者切出前向摄像头的 FOV，出现距离量测出现跳变的情况，进而影响自车的决策。图 5-81、图 5-82 所示分别为 LMC、RMC 车辆横纵向距离跳变示意图。

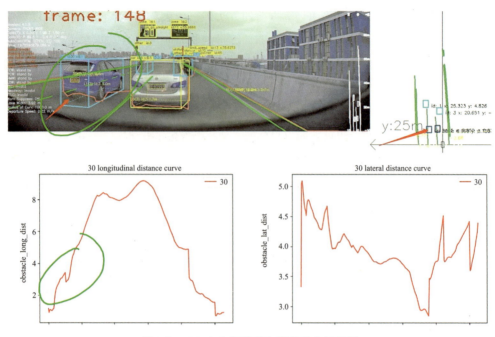

图 5-81   LMC 车辆横纵向距离跳变示意图

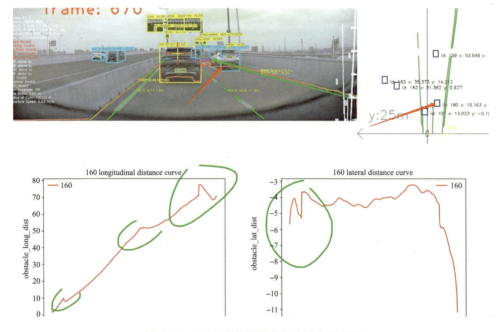

图 5-82   RMC 车辆横纵向距离跳变示意图

此类问题大多数发生在 LMC、RMC 车辆切入时，目标截断和非截断状态下采用相同的测距方法，偏差较大，导致目标航迹起始段出现距离跳动现象。为应对这一问题，我们可以根据目标的截断属性，选择不同的测距方法，如截断场景下可以基于车轮测距方法来获得目标的横纵向距离，而在非截断场景下可以采用基于接地点的测距方法或者基于物理尺寸的测距方法获得目标的横纵向距离。对于大卡车，我们可能会看到与图 5-83 类似的场景，即高度上出现截断。此时，我们无法采用先验尺寸方法准确获得真实的距离。在目标跟踪阶段，我们可以采用方差加权的方法将量测值与跟踪值进行融合滤波，以提高数据的准确性和稳定性。

图 5-83 车辆高度截断场景

问题 4：大小车叠套在一起误判

在行驶过程中，自车经常会遇到运送车辆的卡车，如图 5-84a 所示。此时，模型会给出两个检测框（卡车框和轿车框）。由于两者类别不同，模型端无法将此场景过滤掉，所以后处理会得到两个不同的距离，如图 5-84b 所示。

针对这一场景，自车需要从两方面进行处理：1）如果模型端检出两辆车的类别不同，且一个框嵌套在另外一个框中，即两个框的交集等于小框，两个框的并集等于大框，则将小框删除，只保留大框和对应的大框类别；2）对于后处理端，如果大车车前不远处一直（超过 3 帧）存在一个小车，且速度相近，即大车为 cipv，小车为 sec cipv，

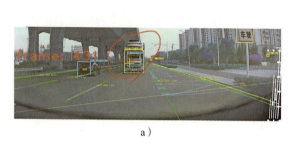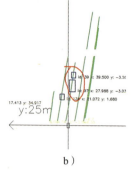

图 5-84　大车套小车场景示意图

且 $V_{\mathrm{cipv}} \approx V_{\mathrm{seccipv}}$，但小车的框不存在遮挡，此时可以判断为大车套小车现象，即可将小车删除，只保留大车距离和类型。

通过这两种方法，自车可以有效避免大车套小车误判现象的发生。

问题 5：目标航向角偏差问题

目标航向角是智能驾驶功能中的一个常用属性。但对于正前方目标，由于视线不可穿透等因素，通过视觉后处理计算出的目标航向角往往存在偏差，如图 5-85 所示的正前方大车的目标航向角存在偏差。

目标的航向角并不是直接进行数据回归得出的，而是通过目标横纵向速度计算得出的，所以速度计算的偏差会导致航向角的偏差。因此，根本策略还是要确保目标横纵向速度的准确性。另外，通过实车数据分析，正常行驶的车辆航向角在短时间内的变化范围通常会限定在 5° 以内，所以我们可以通过增加目标横纵向速度滤波、航向角滤波的策略，将近距离目标的航向角限定在 5° 范围内，以提高航向角测量的准确性和稳定性。

问题 6：误识别场景和鬼影现象

误识别场景或者鬼影是视觉感知中常见的问题。误识别场景主要是由于模型样本不够，将未知物体错误地识别成样本目标，例如将远处的房子误识别成车辆、将远处的树木误识别成行人等。为解决这类问题，我们可以采用增加样本的策略提升模型的精度，这样也能减少误识别造成的鬼影现象发生。

除了误识别造成鬼影问题外，鬼影问题产生的原因还包括：致盲漏检导致新旧目标关联不上；距离跳动造成量测与航迹无法关联。针对此类原因，我们可以从目标跟踪器的角

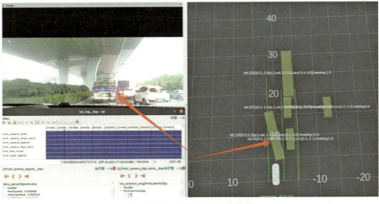

a）正前方小卡车航向角偏差

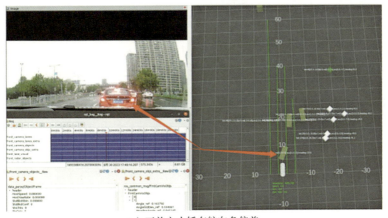

b）正前方小轿车航向角偏差

图 5-85　目标航向角偏差示意图

度出发，扩大关联门策略，并采用动态权重的方法调整关联阈值。此外，我们还可以从目标航迹管理角度进行优化，确保目标航迹的起始点不会在自车前方近距离突然出现，航迹的终结点也不会在自车前方近距离突然消失。通过这些方法，我们可以有效减少鬼影问题的发生。

问题 7：　VRU 目标横穿场景下输出的横纵向距离或速度偏差较大

在城市场景中，当车辆在狭窄的小路上运行时，往往会因为对路旁近距离的行人、骑行人或者邻车道上的行人、骑行人测量得到的横纵向距离或速度偏差较大，而使 AEB 误触发。

针对此类问题，我们可以在模型中增加一个检出的截断属性，以判断 VRU 目标是否存在截断现象；然后对 VRU 跟踪器中的运动模型进行更新，由于 VRU 目标的非线性特性比较强，需要采用非线性运动模型进行跟踪；最后采用检测框尺寸变化的方法对目标的横纵向速度进行优化，以减少距离或速度偏差造成的 AEB 误触发情况发生。

5.5.4 视觉后处理总结

在当下流行的智能驾驶量产方案中，深度估计和单目 3D 技术倍受关注，尤其是广泛采用的 Bev+Transformer 架构方案。深度估计技术利用图像信息来估计物体的距离，对于自动驾驶车辆的避障和路径规划等功能的实现至关重要。单目 3D 技术则是通过算法对单目摄像头捕捉到的图像信息进行处理，得到物体的深度信息，从而实现三维重建。这些方案结合激光雷达的真值标注和投影技术，能够实现高精度的三维环境建模，为智能驾驶系统提供更加准确、可靠的环境感知信息。

诚然，通过数据驱动的深度学习方法能够解决大多数视觉感知问题，但是对于一些特定场景，如长尾问题、罕见事件、背景欺骗等，仍然面临着一些挑战。在这些情况下，我们仍需要借助一些视觉后处理技术来确保视觉感知的准确性和稳定性。

第 6 章 *Chapter 6*

多摄像头感知后处理

随着用户对智能驾驶接受程度的提高和其适用范围的扩大，越来越多的智能驾驶车辆开发商开始考虑开发更高级的功能，如领航辅助（Navigate On Autopilot，NOA）等。这些高级功能对传感器的配置提出了新的要求（如激光雷达、更多的摄像头、更多的毫米波雷达等），以消除车辆的感知盲区，提高车辆的安全性和可靠性。

根据摄像头的安装位置以及数量的不同，摄像头配置可以分为双目摄像头、多目摄像头、环视摄像头等。图 6-1 展示了一组常见的智能驾驶摄像头配置，其中 C1 为前视摄像头，C4 为后视摄像头，C2、C3、C5、C6 为周视摄像头（环视摄像头）。

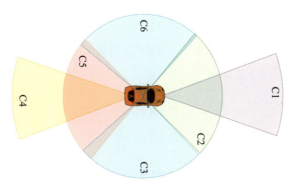

图 6-1　多摄像头感知系统

图 6-1 中，不同颜色区域代表相应角度摄像头的感知区域，比如 C1 摄像头的感知区域被标记为紫色区域，其他摄像头的感知范围也以类似的方式用不同颜色区分。这些不同颜色的区域结合起来，构成了一个完整的 360°感知区域，确保车辆周围没有感知盲区，从而提高行车的安全性。本章首先对多摄像头标定进行介绍，然后对多摄像头融合算法进行重点介绍，最后对当下流行的多视角感知后处理与 BEV 算法进行简单介绍。

6.1 多摄像头标定

多摄像头配置相较于单目摄像头显著提升了感知能力，但也引入了新的技术挑战。相较于单目摄像头，多摄像头系统各自的安装角度以及视野空间存在差异，这种差异可能导致对同一目标在共同视野内的测量结果出现不一致。所以，我们必须通过标定过程，将多个摄像头的测量数据转换到一个统一的坐标系中，以便进行后续的感知后处理。按照图 6-1 类似的配置，本节主要介绍双目摄像头标定、多摄像头标定（包含环视摄像头）等相关技术。

6.1.1 双目摄像头标定

双目摄像头标定是在单目摄像头标定的基础上，额外增加求解左右摄像头之间的旋转和平移关系。通常，在标定的过程中，往往左摄像头被设定为主摄像头，在此基础上求解右摄像头坐标系相对于左摄像头坐标系的旋转矩阵 $\boldsymbol{R}$ 和平移矩阵 $\boldsymbol{T}$。

如图 6-2 所示的双目摄像头系统坐标系原理图，点 P 是世界坐标系中的一个点，其坐标为 P_w，该点在左右摄像头坐标系中的坐标分别表示为 P_l、P_r。通过对左右摄像头分别进行单独标定，可以求得左右摄像头的内参矩阵以及对应的外参矩阵，即从世界坐标系到左右摄像头坐标系之间的旋转矩阵 $\boldsymbol{R}_l$、$\boldsymbol{R}_r$ 和平移向量 $\boldsymbol{T}_l$、$\boldsymbol{T}_r$。所以，点 P 在左右摄像头坐标系中的位置可以通过下式表示：

$$\begin{cases} P_l = \boldsymbol{R}_l P_w + \boldsymbol{T}_l \\ P_r = \boldsymbol{R}_r P_w + \boldsymbol{T}_r \end{cases}$$

因为 P_l、P_r 表示同一空间点 P 在左右摄像头坐标系中的坐标值，将左摄像头坐标系设定为主坐标系，所以右摄像头相对于左摄像头的关系可以通过下式表达：

$$P_l = R_{r2l} P_r + T_{r2l}$$

其中，R_{r2l} 和 T_{r2l} 表示从右摄像头到左摄像头的旋转矩阵和平移向量，它们是双目摄像头标定过程中需要确定的外参。根据上述公式，转换求得

$$\begin{cases} R_{r2l} = R_l R_r^{-1} \\ T_{r2l} = T_l - R_l R_r^{-1} T_r \end{cases}$$

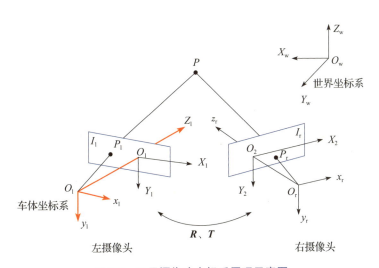

图 6-2　双目摄像头坐标系原理示意图

6.1.2　多摄像头标定

　　所谓"多摄像头标定"，是指在双目摄像头标定的基础上，将标定过程扩展到更多的摄像头。这一过程涉及求解多摄像头系统中每个摄像头的内参以及各摄像头坐标系相对车体坐标系的旋转矩阵和平移向量。

　　多摄像头坐标系间的位姿传递原理如图 6-3 所示。图 6-3 中包含 n 个摄像头坐标系，分别为 $O_1\text{-}x_1y_1z_1$、$O_2\text{-}x_2y_2z_2$……$O_n\text{-}x_ny_nz_n$，为了方便计算，将 $O_1\text{-}x_1y_1z_1$ 设置为主坐标系（全局坐标系），并用 G 表示，此时就变成了求解 $O_2\text{-}x_2y_2z_2$……$O_n\text{-}x_ny_nz_n$ 相对 $O_1\text{-}x_1y_1z_1$ 的位姿关系。

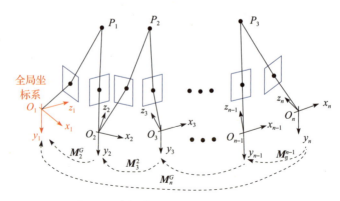

图 6-3　多摄像头坐标系位姿传递原理

整体思路是采用递归方法，利用双目摄像头的求解方法，首先计算第 n 个摄像头相对第 $n-1$ 个摄像头的位姿关系，接着计算第 $n-1$ 个摄像头相对于第 $n-2$ 个摄像头的位姿关系，依此类推，可以得出第 n 个摄像头相对于第 1 个摄像头的位姿关系，从而确定第 n 个摄像头相对于主坐标系的绝对位姿关系。

假设矩阵 $\boldsymbol{M}_i^j$ 是空间点 P 由摄像头 O_i 坐标系转换到摄像头 O_j 坐标系的转换矩阵，该矩阵可以表示为旋转矩阵 $\boldsymbol{R}_i^j$ 和平移向量 $\boldsymbol{t}_i^j$ 的集合：

$$\boldsymbol{M}_i^j = \begin{pmatrix} \boldsymbol{R}_i^j & \boldsymbol{t}_i^j \\ 0 & 1 \end{pmatrix}$$

第 n 个摄像头与第 $n-1$ 个摄像头之间的相对位姿转换矩阵为 $\boldsymbol{M}_n^{n-1}$，则第 n 个摄像头向全局坐标系转换矩阵 $\boldsymbol{M}_n^G$ 可以通过递归方式计算，公式如下：

$$\boldsymbol{M}_n^G = \prod_{i=1}^{n-1} \boldsymbol{M}_{i+1}^i = \boldsymbol{M}_2^G \cdot \boldsymbol{M}_3^2 \cdot \boldsymbol{M}_4^3 \cdots \boldsymbol{M}_{n-1}^{n-2} \cdot \boldsymbol{M}_n^{n-1}$$

P^i 表示空间点 P 在摄像头坐标系 i 下的三维坐标，若使用旋转矩阵 $\boldsymbol{R}_i^j$ 和平移向量 $\boldsymbol{t}_i^j$ 来描述多摄像头位姿的转换关系，空间点 P 从摄像头 O_i 坐标系到全局坐标系 O_G 的转换关系为

$$P^G = \boldsymbol{R}_2^G \cdot P^i + \boldsymbol{t}_2^G$$

按照递推关系，可以得出第 n 个摄像头转换到全局坐标系的旋转矩阵和平移向量：

$$R_n^G = \prod_{i=1}^{n-1} R_i^{i+1}$$

$$t_n^G = t_n^{n-1} + \sum_{i=0}^{n-2} \left[\left(\prod_{j=i+1}^{n-1} R_j^{j+1} \right) \cdot t_{i+1}^i \right]$$

所以，P 点在第 n 个摄像头坐标系中的位姿转换到全局坐标系后可以表示为

$$P^G = R_n^G \cdot P^n + t_n^G$$

通过上面的公式，我们可以将多摄像头坐标系中的任意点有效地转换到全局坐标系。这种方法确保了在不同摄像头视图之间进行坐标转换的准确性和一致性，增强了多摄像头系统在三维感知和图像分析方面的性能。

6.2　多摄像头融合

多摄像头融合技术的基础在于精确获取多摄像头系统中每个摄像头的内外参。通过这些参数，我们可以利用特征匹配、目标关联等方法，将不同摄像头捕捉的图像拼接在一起，或者将图像中的障碍物信息进行融合。这种技术不仅提升了对图像信息的分析和提取能力，还确保了跨摄像头区域的目标具有一致性，提高了系统的整体感知精度。最常见的多摄像头融合技术有多摄像头立体匹配、多摄像头图像处理（图像拼接）、多摄像头目标融合以及多摄像头车道线融合等。

6.2.1　多摄像头立体匹配

对极几何是一种用来描述两张或多张图像间对应关系的工具。在寻求这些图像间的对应点时，最直接的方法是逐点匹配，然后通过对极约束的应用来降低搜索范围。具体来说，对极约束是将原本需要在 2D 平面上的搜索，转变为在 1D 直线上的搜索，从而大幅提升搜索速度。

在双目视觉系统中，对极约束的应用尤为广泛。如图 6-4 所示，H 为一个空间点，其在左右摄像头成像平面上的成像点分别为 u、u'。左右摄像头的光心分别为 O、O'，它们与点 H 共同组成的平面被称为"对极平面"。在这个平面中，左右光心 O、O' 的连线与左右摄像头成像平面的交点被称为"极点"，分别记为 e、e'。空间点 H 和极点确定的直线在各自成像平面上的投影被称为"极线"，分别记为 l、l'。如果一张图像上的像点 u 已知，

那么在另一张图像上的对应像点 u' 就能够在 u 对应的极线 l' 上找到，反过来照样成立。这种约束关系被称为"极线约束"。极线约束大幅缩小了在图像间寻找对应点的搜索空间，从而加快了匹配。

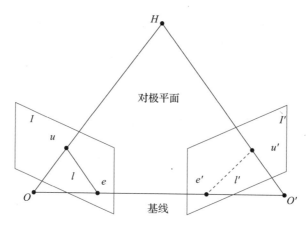

图 6-4 双目视觉系统对极约束

假设存在一个矩阵，可以将一个摄像头成像平面上的像素点坐标与另一个摄像头成像平面的对应点联系起来，从而实现相应点的匹配，这个矩阵被称为"基本矩阵"，表示为 F。基本矩阵捕捉了两个摄像头之间的几何关系，包括它们的相对位置和姿态。基本矩阵 F 可通过下式求得

$$m'^{\mathrm{T}}Fm = 0$$
$$F = A_{\mathrm{R}}^{\mathrm{T}}[t]_x R A_{\mathrm{L}}^{-1}$$

式中，m、m' 分别为投影点 u、u' 在图像坐标系下的齐次坐标矩阵；A_{L}、A_{R} 分别为左右摄像头的内参矩阵；R、t 分别为右摄像头相对左摄像头的旋转矩阵和平移向量；$[t]_x$ 为平移向量的反对称矩阵。

在利用极线约束搜寻匹配点时，由于是 1D 直线搜索，且实际的成像点可能存在误差，仅利用两幅图像进行匹配，会在像点较为密集的情形下，出现很多不确定状况和误匹配。所以，我们需要利用多摄像头进行拍摄，从多幅图像中来唯一确定待匹配点。如图 6-5 所示，空间中点 P 在 3 个像平面成像点分别为 u_1、u_2、u_3，此时 u_2 可以在 u_1、u_3 对应的极线 l_2 上找到，提升了匹配 u_2 的准确性。由此可见，利用多幅图像相互进行极线匹配，就

能极大地降低匹配的出错率。

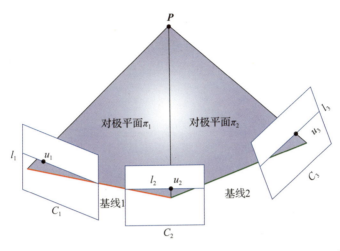

图 6-5　多视图对极几何

在完成图像匹配后，通过两个或者更多不同位置的摄像头的内外参以及对应的像素点坐标，可以构建空间点的三维坐标。假设 $P_i = A_i [R_i | t_i]$ 表示第 i 个摄像头的投影矩阵，其中 $i = 1, 2, \cdots, n (u_k, v_k)$ 为对应的图像坐标，构建如下方程：

$$
\begin{cases}
\begin{cases}
(P_1^1 - u_1 P_1^3) X = 0 \\
(P_1^2 - v_1 P_1^3) X = 0
\end{cases} \\
\begin{cases}
(P_2^1 - u_2 P_2^3) X = 0 \\
(P_2^2 - v_2 P_2^3) X = 0
\end{cases} \\
\qquad\qquad \vdots \\
\begin{cases}
(P_i^1 - u_i P_i^3) X = 0 \\
(P_i^2 - v_i P_i^3) X = 0
\end{cases}
\end{cases}
$$

其中 P_i^j 代表第 i 个投影矩阵的第 j 行，X 为目标点的三维坐标。从上式中可以看出，一组图像坐标可以构建两个独立的方程组，至少需要来自两幅图像的坐标信息才能计算出目标点的三维坐标。当采用多摄像头进行测量时，通过对这些方程组的求解，即可得到同一目标点的多个坐标值。

对于多摄像头图像，如果对全图每个像素都进行匹配，计算量是巨大的。为了减小计算量并实现多视图匹配，我们往往会采用基于区域的局部匹配算法。这些算法包括像素差的绝对值（Sum of Absolute Difference，SAD）、像素差的平方和（Sum of Squared Difference，SSD）、块匹配（Block Matching，BM），以及半全局块匹配（Semi-Global Block Matching，SGBM）。这些算法通过只关注图像的特定部分来降低计算量，同时仍能有效地完成视点间的匹配任务。

1. SAD 算法

SAD 算法主要用于图像块的匹配，其基本思想是计算每个像素对应数值之差的绝对值之和，并以此评估两个图像块的相似度。SAD 算法速度快，但精度相对较低，经常用于各种立体匹配算法的初步筛选。

SAD 算法流程如下。

1）输入两幅行对准的图像：左视图（Left-Image）与右视图（Right-Image）。

2）对左视图进行扫描，选定一个锚点并构建一个类似于卷积核的小窗口。

3）用此小窗口覆盖左视图，并选出小窗口覆盖区域的全部像素点。

4）同样，用此小窗口覆盖右视图，并选出小窗口覆盖区域的全部像素点。

5）左视图覆盖区域的像素减去右视图覆盖区域的像素，并求出所有像素点的差的绝对值之和。

6）移动右视图的小窗口并重复步骤 4）和步骤 5）的操作（注意，此处会设置一个搜索范围，超过此范围则跳出）。

SAD 窗口搜索示意图如图 6-6 所示。

7）找到这个搜索范围内 SAD 值最小的小窗口，此时便找到了与左视图锚点的最佳匹配的像素块。

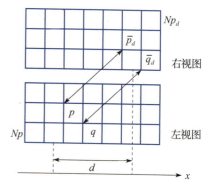

图 6-6　SAD 窗口搜索示意图

其中，SAD 值计算公式如下：

$$C(x,y,d) = \sum_{i<n}^{n} \sum_{j<n}^{n} \left| L(x+i,y+j) - R(x+d+i,y+j) \right|$$

这里给出 SAD 值计算的示例代码：

```
1.    using namespace cv;
2.
3.    Mat SAD::computerSAD(Mat &L, Mat &R)
4.    {
5.        int Height = L.rows;
6.        int Width = L.cols;
7.
8.        Mat Kernel_L(Size(winSize, winSize), CV_8U, Scalar::all(0));
9.        Mat Kernel_R(Size(winSize, winSize), CV_8U, Scalar::all(0));
10.       Mat Disparity(Height, Width, CV_8U, Scalar(0));    // 视差图
11.
12.       for (int i = 0; i<Width - winSize; i++)            // 左视图从视差搜索范围开始遍历
13.       {
14.           for (int j = 0; j<Height - winSize; j++)
15.           {
16.               Kernel_L = L(Rect(i, j, winSize, winSize));
17.               Mat MM(1, DSR, CV_32F, Scalar(0));
18.               for (int k = 0; k<DSR; k++)
19.               {
20.                   int x = i - k;
21.                   if (x >= 0)
22.                   {
23.                       Kernel_R = R(Rect(x, j, winSize, winSize));
24.                       Mat Dif;
25.                       absdiff(Kernel_L, Kernel_R, Dif); // 求差的绝对值之和
26.                       Scalar ADD = sum(Dif);
27.                       float a = ADD[0];
28.                       MM.at<float>(k) = a;
29.                   }
30.               }
31.               Point minLoc;
32.               minMaxLoc(MM, NULL, NULL, &minLoc, NULL);
33.               int loc = minLoc.x;
34.               Disparity.at<char>(j, i) = loc *16;
35.           }
36.           double rate = double(i) / (Width);
37.           cout << "已完成" << setprecision(2) << rate *100 << "% " << endl;
                                                            // 显示处理进度
38.       }
39.       return Disparity;
40.   }
```

2. SSD 算法

SSD 算法流程与 SAD 算法流程相似，只不过计算的是 SSD 值，而不是 SAD 值。SSD

值计算公式如下：

$$C(x,y,d) = \sum_{i<n}^{n} \sum_{j<n}^{n} \left[L(x+i, y+j) - R(x+d+i, y+j) \right]^2$$

3. BM 算法

BM 算法是在 SAD 算法的基础上，通过在左右图像之间建立几何关系来辅助匹配过程。具体来说，BM 算法是利用三角形的相似性质来构建两个视图之间的对应关系。如图 6-7 所示，P 为空间中的物体，O_1 和 O_2 是两个摄像头坐标系原点，这 3 个点构成了一个平面，该平面与两个摄像头的像面相交点为 P_1 和 P_2。假设 P_1 的位置已知，P_2 的位置未知，BM 算法的目的是通过这种三角测量方法来近似定位 P_2 的位置。

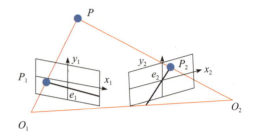

图 6-7　BM 算法原理示意图

BM 算法在处理低纹理区域或者小位移问题时具有较好的性能，而且运行速度快。然而，该算法只考虑了局部信息且缺乏全局优化策略，很容易导致误匹配或者漏匹配的情况发生。

4. SGBM 算法

SGBM 算法流程如图 6-8 所示。

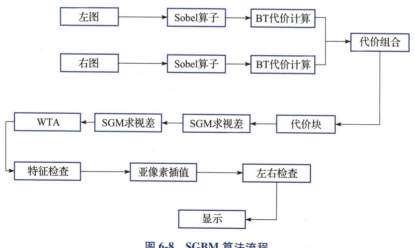

图 6-8　SGBM 算法流程

从图 6-8 可以看出，SGBM 算法的代价计算包含如下几部分。

1）对输入的左右图像的水平方向进行 Sobel 算子处理后，计算 BT（Birchfield and Tomasi）代价。

2）将左右图像得到的 BT 代价值进行组合。

3）将组合后的代价值进行成块处理。

BT 代价用来解决图像深度不连续的问题，主要利用的是 $I_R(x,y)$ 与 $I_R\left(x-\dfrac{1}{2},y\right)$ 之间亚像素灰度值差值的绝对值。左右图像中 BT 代价求解示意图如图 6-9 所示。

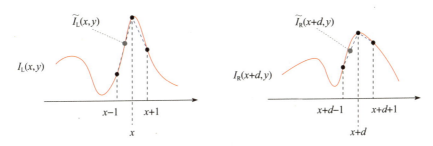

图 6-9　左右图像中 BT 代价求解示意图

首先计算左图中像素 $\left(x-\dfrac{1}{2},y\right)$ 和 $\left(x+\dfrac{1}{2},y\right)$ 之间亚像素位置 $(x+x,y)$ 的灰度值 $\widetilde{I_L}(x+d,y)$，然后计算右图中像素 $\left(x+d-\dfrac{1}{2},y\right)$ 和 $\left(x+d+\dfrac{1}{2},y\right)$ 之间亚像素位置 $(x+d+x,y)$ 的灰度值 $\widetilde{I_R}(x+d,y)$。所以，左右两幅图像的 BT 代价分别为

$$\cos_L = \min_{x-\frac{1}{2}\leqslant x \leqslant x+\frac{1}{2}} \left| I_L(x,y) - \widetilde{I_R}(x+d,y) \right|$$

$$\cos_R = \min_{x-\frac{1}{2}\leqslant x \leqslant x+\frac{1}{2}} \left| I_R(x+d,y) - \widetilde{I_L}(x,y) \right|$$

最终的 BT 代价为两代价的最小：

$$e(x,y,d) = \min(\cos_L, \cos_R)$$

下面给出通过 SGBM 算法得出视差图的示例代码：

```
1.    using namespace cv;
2.
3.    void SGBM::calDispWithSGBM(Mat Img_L, Mat Img_R, Mat &imgDisparity8U)
4.    {
5.        Size imgSize = Img_L.size();
6.        int numberOfDisparities = ((imgSize.width / 8) + 15) & -16;
7.        Ptr<StereoSGBM> sgbm = StereoSGBM::create(0, 16, 3);
8.
9.        // 左图像的通道数
10.       int cn = Img_L.channels();
11.       int SADWindowSize = 9;
12.       int sgbmWinSize = SADWindowSize > 0 ? SADWindowSize : 3;
13.
14.       // minDisparity 最小视差,一般默认为 0
15.       sgbm->setMinDisparity(0);
16.       // numDisparity 视差搜索范围,范围值必须为 16 的整数倍
17.       sgbm->setNumDisparities(numberOfDisparities);
18.       // 一般建议惩罚系数 P1、P2 取如下的值,P1、P2 控制视差图的光滑度,P2 越大,视差图越平滑
19.       sgbm->setP1(8 * cn*sgbmWinSize*sgbmWinSize);
20.       sgbm->setP2(32 * cn*sgbmWinSize*sgbmWinSize);
21.
22.       // 左右图像一致性检测最大容许误差阈值
23.       sgbm->setDisp12MaxDiff(1);
24.       // 预处理滤波器的截断值,预处理的输出仅保留 [-preFilterCap, preFilterCap] 范围内的值,参
          // 数范围为 1~31
25.
26.       sgbm->setPreFilterCap(31);
27.
28.       // 当视差窗口范围内最低代价是次低代价的 (1 + uniquenessRatio/100) 倍时,最低代价对应的视差
          // 值才是该像素点的视差;否则,该像素点的视差为 0。该值不能为负值,一般取 5 到 15,这里取 10
29.
30.       sgbm->setUniquenessRatio(10);
31.
32.       // 视差连通区域像素点个数的大小。对于每一个视差点,当其连通区域的像素点个数小于
          // speckleWindowSize 时,认为该视差值无效,是噪点
33.
34.       sgbm->setSpeckleWindowSize(100);
35.
36.       // 在计算一个视差点的连通区域时,当下一个像素点视差变化绝对值大于 speckleRange 时,认为下一
          // 个视差像素点和当前视差像素点是不连通的
37.
38.       sgbm->setSpeckleRange(32);
39.
40.       // 模式选择
41.       sgbm->setMode(0);
```

```
42.      // 设置 SAD 代价计算窗口,一般在 3×3 到 21×21 之间
43.      // blockSize(SADWindowSize)越小,表示匹配代价计算的窗口越小,视差图噪声越大;blockSize
         // (SADWindowSize)越大,表示视差图越平滑。太大的窗口容易导致过平滑,并且误匹配增多,体现在
         视差图中空洞增多
44.
45.      sgbm->setBlockSize(sgbmWinSize);
46.
47.      // 3 种模式(HH、SGBM、3WAY)选择
48.      int algorithm = STEREO_SGBM;
49.      if (algorithm == STEREO_HH)
50.          sgbm->setMode(StereoSGBM::MODE_HH);
51.      else if (algorithm == STEREO_SGBM)
52.          sgbm->setMode(StereoSGBM::MODE_SGBM);
53.      else if (algorithm == STEREO_3WAY)
54.          sgbm->setMode(StereoSGBM::MODE_SGBM_3WAY);
55.
56.      Mat imgDisparity16S = Mat(Img_L.rows, Img_L.cols, CV_16S);
57.      sgbm->compute(Img_L, Img_R, imgDisparity16S);
58.
59.
60.      imgDisparity16S.convertTo(imgDisparity8U, CV_8U, 255 /
             (numberOfDisparities*16.));
61.  }
```

6.2.2　多摄像头图像处理

在完成特征点或者立体匹配后,下一步是对多摄像头图像进行拼接或者获取图像深度信息。

1. 双目测距

双目是智能驾驶中常见的前向视觉配置。根据光轴的平行度,双目视觉模型可以分为平行式和汇聚式两种,如图 6-10 所示。

平行式双目视觉模型也被称为"标准式双目视觉模型"。它是由两个内参相同的摄像头并排摆放在一起,且它们的光轴平行。这是一种精度较高的模型,但这种模型对摄像头的生产工艺要求极其严格。

汇聚式双目视觉模型对摄像头摆放位置无特殊要求,但在进行计算时,需要输入额外的位置参数来计算投影矩阵,这使得运算更加复杂和耗时。由于对摄像头的位置要求较低,因此该模型实际应用较为广泛。

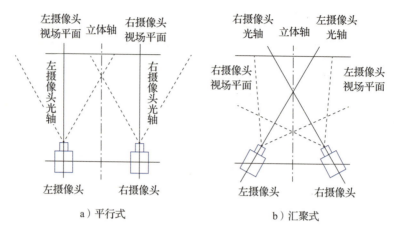

a）平行式　　　　　　　　　　　b）汇聚式

图 6-10　双目视觉模型的两种表现形式

在实际应用中，我们一般会采用长焦摄像头和短焦摄像头配合（如 FOV30° 与 FOV100°的摄像头组合）的方案来获取更广的视野和更远的距离。这种方案也可以看成汇聚式双目的特殊表现形式。

以标准双目摄像头为例，其计算过程相对简单，能够实现较高的精度，并提供较大的视野。它通过匹配两个单目摄像头的图像，可以得到高分辨率的深度图，满足自动驾驶实时性的要求。双目摄像头测距原理如图 6-11 所示。

在图 6-11 中，O_l 和 O_r 分别为左右摄像头的光心，f 为焦距，T 为左右光心之间的距离（也叫"基线距离"），P 为双目摄像头共同视野内的任意空间点，假设 (x,y,z) 为点 P 在以左摄像头（主摄像头）光心为原点的坐标系下的坐标。从图 6-11 可知，$\Delta O_l O_r P$ 相似于 $\Delta p_l p_r P$，根据相似三角形的性质，可以得到点 P 的深度：

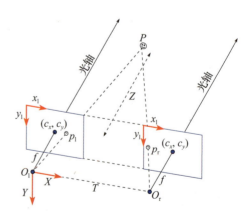

图 6-11　双目摄像头测距原理

$$\frac{T}{T-x_l+x_r}=\frac{Z}{Z+f}$$

其中，x_l 和 x_r 分别为点 P 在左右摄像头图像平面上的横坐标。所以

$$Z = \frac{fT}{d}$$

其中，d 为视差，$d = (x_r - x_1)$。得到深度 Z 后，继续根据相似三角形原理计算出 x 和 y，从而得到点 P 的位置：

$$\begin{cases} x = \dfrac{Tx_1}{z} \\ y = \dfrac{fy_1}{d} \\ z = \dfrac{fT}{d} \end{cases}$$

对于汇聚式双目摄像头系统，我们可以通过转换将其视为标准双目摄像头系统后，再进行计算。

2. 图像融合拼接

图像融合拼接是多摄像头图像处理中比较常见的方法。它通过提取所有摄像头中所需要的特征信息，并删除冗余信息的干扰后，最终生成的一张图像。在智能驾驶领域，多摄像头图像融合拼接可以获得更多的信息，使得车辆更清晰地感知到周围的环境，便于下游控制的决策。如图 6-12 所示的鱼眼摄像头拼接就是一种应用实例。

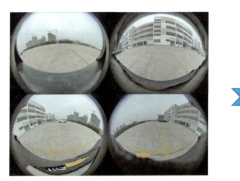
四张鱼眼摄像头图像

鱼眼摄像头图像拼接后

图 6-12　图像融合拼接示意图（鱼眼）

常见的图像融合方法一般是在完成图像特征匹配后进行的。首先，按照特征匹配的结果求解图像间的相对姿态关系，然后对图像进行配准，再将其中一幅图像按照求解出的姿态复制到另一幅图像的指定位置。这个过程涉及透视变换，这是图像之间最常用也是最复杂的变换之一。透视变换考虑了图像之间所有可能的形变，包括平移、缩放、旋转、水平/垂直变形等。由于参考图像和配准图像都是在各自的像素坐标系下，所以需要将它们转换到统一的像素坐标系下，转换公式如下：

$$\begin{pmatrix} x_2 \\ y_2 \\ 1 \end{pmatrix} = H \begin{pmatrix} x_1 \\ y_1 \\ 1 \end{pmatrix}$$

式中，(x_1, y_1) 为参考图像坐标；(x_2, y_2) 为变换后的图像在配准图像中的坐标；$H = \begin{pmatrix} a_1 & a_2 & b_1 \\ a_3 & a_4 & b_2 \\ c_1 & c_2 & 1 \end{pmatrix}$ 就是所谓的"透视变换矩阵"，由 8 个非零参数组成，其中 $\begin{pmatrix} a_1 & a_2 \\ a_3 & a_4 \end{pmatrix}$ 代表图像间的旋转、缩放，$\begin{pmatrix} b_1 \\ b_2 \end{pmatrix}$ 定义了图像间的平移向量，$(c_1 \quad c_2)$ 定义了图像间的投影向量。

下面给出鱼眼拼接的示例代码：

```
1.    cv::Mat simulateImage(cv::Mat image, double offset, double angle) {
2.        angle = angle * M_PI / 180;
3.        Eigen::Matrix3d rotate_matrix;
4.        rotate_matrix << cos(angle), 0, -sin(angle), 0, 1, 0, sin(angle), 0, cos(angle);
5.        cv::Point2f source_points[4];
6.        cv::Point2f target_points[4];
7.        Eigen::MatrixXd camera_points(4, 3);
8.
9.
10.       camera_points << -1.92712132, 1.65, 9.45903236, -1.73522111, 1.65, 12.3165494,
              1.12215585, 1.65,
11.              12.3165494, 1.3278535, 1.65, 9.45903236;
12.       for (int i = 0; i < camera_points.rows(); ++i) {
13.       CameraPoint camera_point(camera_points.row(i));
14.       ImagePoint image_point = cameraToImage(camera_point);
15.       source_points[i].x = image_point.x();
16.       source_points[i].y = image_point.y();
17.       }
18.
```

```
19.    for (int i = 0; i < camera_points.rows(); ++i) {
20.        camera_points(i, 0) -= offset;
21.        CameraPoint camera_point(rotate_matrix * camera_points.row(i).transpose());
22.        ImagePoint image_point = cameraToImage(camera_point);
23.        target_points[i].x = image_point.x();
24.        target_points[i].y = image_point.y();
25.    }
26.
27.    auto transform_matrix = cv::getPerspectiveTransform(source_points, target_points);
28.    cv::Mat target_image;
29.    cv::warpPerspective(image, target_image, transform_matrix, image.size());
30.    return target_image;
31. }
```

鱼眼拼接示例图像如图 6-13 所示。

图 6-13　鱼眼拼接示例图像

　　在完成图像拼接后，我们通常会发现图像接缝处存在不自然现象，这是光照和色泽差异导致拼接图的交界处过渡不平滑。为了解决这一问题，我们需要采用特定的处理方法来消除这种不自然。一种常见的处理思路是采用加权融合技术，在图像重叠区域实现从前一幅图像慢慢过渡到第二幅图像。具体来说，就是将图像重叠区域的像素值按一定的权值相加，合成新的图像。

```
1.   void OptimizeSeam(Mat& img1, Mat& trans, Mat& dst)
2.   {
3.       // 开始位置,即重叠区域的左边界
4.       int start = MIN(corners.left_top.x, corners.left_bottom.x);
5.       double processWidth = img1.cols - start;// 重叠区域的宽度
6.       int rows = dst.rows;
7.       int cols = img1.cols; // 注意,是列数×通道数
8.       double alpha = 1;// img1 中像素的权重
9.       for (int i = 0; i < rows; i++)
10.      {
11.          uchar* p = img1.ptr<uchar>(i);  // 获取第i行的首地址
12.          uchar* t = trans.ptr<uchar>(i);
13.          uchar* d = dst.ptr<uchar>(i);
14.          for (int j = start; j < cols; j++)
15.          {
16.
17.              if (t[j * 3] == 0 && t[j * 3 + 1] == 0 && t[j * 3 + 2] == 0)
18.                  alpha = 1;
19.              else
20.              // img1 中像素的权重与当前处理点距重叠区域左边界的距离成正比
21.                  alpha = (processWidth - (j - start)) / processWidth;
22.              d[j * 3] = p[j * 3] * alpha + t[j * 3] * (1 - alpha);
23.              d[j * 3 + 1] = p[j * 3 + 1] * alpha + t[j * 3 + 1] * (1 - alpha);
24.              d[j * 3 + 2] = p[j * 3 + 2] * alpha + t[j * 3 + 2] * (1 - alpha);
25.          }
26.      }
27. }
```

6.2.3 多摄像头目标融合

不管是多摄像头立体匹配还是多摄像头图像拼接，本质上都是将多个摄像头的特性整合成一个虚拟摄像头进行检测。这种方法对不同摄像头之间的相互姿态具有较强的依赖性，且计算量较大，无法满足车载芯片对实时性的要求。所以，一种可行的方法是，在每个摄像头完成相应的任务后，再根据任务属性将结果组合起来。例如，每个摄像头单独进行目标和车道线检测，然后将结果组合在一起完成跨摄像头的目标跟踪和车道线跟踪等工作。

如图 6-14 所示，单个摄像头进行障碍物（图中蓝色车辆）检测，不同摄像头进行跨摄像头目标跟踪。这种方法可以有效地分配计算资源，提高处理速度，满足实时性要求。

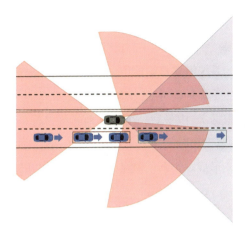

图 6-14　同一目标跨摄像头示意图

　　在进行多目标跟踪前，系统需要根据摄像头的视场角和摄像头的外参来确定摄像头的视场边界（即测距范围），并计算摄像头的共视区域。假设摄像头 C_1 和 C_2 存在共视区，两个摄像头检测到的目标的轨迹集分别为 T_1 和 T_2，其中 $T_1 = \{T_{1_i}, i \in (1, \cdots, m)\}$，$T_2 = \{T_{2_j}, j \in (1, \cdots, n)\}$，$m$ 和 n 分别为摄像头 C_1 和 C_2 单摄像头下跟踪航迹目标的个数，T_{1_i} 和 T_{2_j} 表示目标的航迹，每次航迹更新记录都被记为一个节点。该节点包含目标所有属性，如目标类型、距离、速度、加速度、朝向等。利用两个队列中的轨迹构建车辆时空相似性矩阵和车型相似性矩阵，并将两个矩阵加权融合构建跨摄像头轨迹匹配代价矩阵，采用匈牙利算法完成不同摄像头下的车辆目标匹配，实现跨摄像头车辆目标跟踪，获取车体多摄像头系统下目标车辆的全局轨迹。

1. 车型相似性矩阵

前文已经介绍过，车辆类型可以分为汽车、卡车等，所以可以构建一个车型相似性代价函数：

$$f_{\text{type}}(T_{1_i}, T_{2_j}) = \begin{cases} 0, & \text{若 } T_{1_i}, T_{2_j} \text{ 航迹中的车型相同} \\ 10000, & \text{若 } T_{1_i}, T_{2_j} \text{ 航迹中的车型不同} \end{cases}$$

在目标检测精度较高的情况下，同类型车辆匹配代价较小，定义为 0；不同类型车辆匹配的代价较大，定义为 10000，这种组合方法可以提高匹配的正确率。我们可以依据该代价函数构建车型相似性代价矩阵：

$$M_{m \times n} = \{ f_{\text{type}}(T_{1_i}, T_{2_j}), i \in (1, \cdots, m), j \in (1, \cdots, n) \}$$

2. 车辆时空相似性矩阵

对于跨摄像头共视区，系统需要根据前一个摄像头中的航迹信息来预测目标的轨迹信息。假设某个目标 i 出现在摄像头 C_1 中但未出现在摄像头 C_2 中，此时会在摄像头 C_1 中形成一条轨迹（记为 T_{1_i}），根据 T_{1_i} 中最后一个节点判断该目标是否处于共视区边缘，同时根据轨迹 T_{1_i} 中节点的平均速度和时间间隔来判断该目标是否进入共视区（即进入 C_2 摄像头）。在进入 C_2 摄像头后，形成一个新的航迹 T_{2_j}，由此构建车辆目标时空相似性函数：

$$f_{\text{st}}(T_{1_i}, T_{2_j}) = \frac{\| d_3 \cdot d_2 \|}{\| d_1 \|}$$

其中，d_1 表示轨迹 T_{1_i} 形成的向量，d_2 表示轨迹 T_{1_i} 第一个节点与轨迹 T_{2_j} 第一个节点形成的向量，d_3 表示轨迹 T_{1_i} 最后一个节点与轨迹 T_{2_j} 第一个节点形成的向量。

通过轨迹时空距离构建时空相似性矩阵，可以表示为

$$S_{m \times n} = \{ f_{\text{st}}(T_{1_i}, T_{2_j}), i \in (1, \cdots, m), j \in (1, \cdots, n) \}$$

3. 车辆目标关联

基于车型相似性代价矩阵和时空相似性代价矩阵，可以构建加权融合的车辆目标关联匹配代价矩阵。假设两个摄像头之间 m 条完成匹配的轨迹和 n 条待匹配的轨迹之间的匹配代价矩阵为 $C_{m \times n}$，可以表示为

$$C_{m \times n} = \lambda M_{m \times n} + (1 - \lambda) S_{m \times n}$$

其中，λ 表示车型相似性代价矩阵和时空相似性代价矩阵的权重。由于两个摄像头存在共视区，时空相似性准确率较高，且考虑到共视区的目标截断问题，我们可以动态调整 λ 的值。

所以，车辆目标关联问题可以转换为带权二分图的最优匹配问题。使用匈牙利算法进行求解，将代价矩阵 $C_{m \times n}$ 输入匈牙利算法进行轨迹匹配，代价矩阵中元素值越小，代表两条轨迹之间匹配概率越大，在匹配结果中选择元素值最小的轨迹进行优先匹配。匹配成功的轨迹 T_{2_j} 的 ID 置为与其匹配的轨迹 T_{2_i} 的 ID。当元素值大于设定阈值时，轨迹匹配失败。如果轨迹 T_{1_i} 未匹配成功，则表示该车辆目标还未出现在下一个摄像头中，后续再进行匹配处理；如果轨迹 T_{2_j} 未匹配成功，则认为该轨迹为自系统开始运行后第一次出现，

并将其赋予一个新的轨迹 ID。将完成匹配的轨迹从待匹配队列 T_2 中删除，再将下一帧图像跟踪结果中待确认轨迹加入待匹配队列进行匹配，在相邻摄像头下进行轨迹匹配，最终形成大范围实时车辆轨迹图，实现多摄像头实时跟踪。

6.2.4　多摄像头下的车道线融合

由于车道线属于静态要素，所以在多摄像头融合中，车道线的融合相对于目标融合更为简单。最简单、直接的方法是在车体坐标系下，对车道线进行融合。按照多摄像头的安装位置进行组合，可以分为前视多摄像头下的车道线融合（见图 6-15）和周视多摄像头下的车道线融合（见图 6-16）。

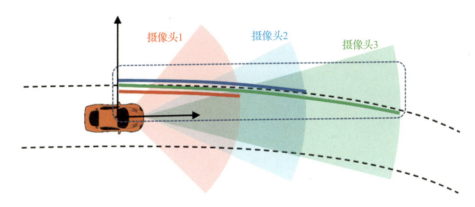

图 6-15　前视多摄像头下的车道线融合示意图

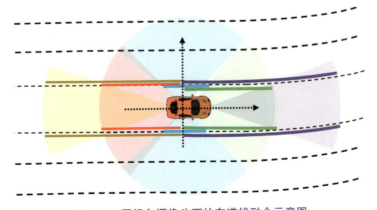

图 6-16　周视多摄像头下的车道线融合示意图

　　前视多摄像头下的车道线融合是指通过在前向布置多个不同 FOV 的摄像头来检测车道线，并将每个摄像头检测出的车道线转换到车体坐标系下，实现车道线数据融合。由于检测误差以及标定系统误差等因素，这些车道线可能无法有效融合（如图 6-15 中红蓝绿车道线代表不同摄像头检测出的车道线）。因此，系统需要对前向不同 FOV 的摄像头检测结果进行融合处理，以确保车道线的一致性。

　　周视多摄像头下的车道线融合是指车身周围不同视角的摄像头检测到各视角的车道线信息，并将这些车道线信息转换到车体坐标系下进行车道线一致性判断、关联，以及车道线数据融合。由于检测误差以及标定系统误差等因素，同一条车道线可能会出现岔开等现象，所以我们需要对这些车道线进行融合拼接。

　　由于车道线最终输出形式是基于车体坐标系的曲线方程，这就意味着需要将所有以曲线方程表示的车道线进行离散化，得到对应的点集后再进行融合，所以不管是周视多摄像头还是前视多摄像头，其车道线融合的方法都一样。

　　假设有摄像头 C_1 和 C_2，在车体坐标系下两摄像头检测到某一帧的车道线集表示为 L_1 和 L_2，其中 $L_1 = \{L_{1_i}, i \in (1, \cdots, m)\}$，$L_2 = \{L_{2_j}, j \in (1, \cdots, n)\}$，$m$ 和 n 分别为摄像头 C_1 和 C_2 中车道线的数目。L_{1_i} 和 L_{2_j} 包含车道线所有信息，包括车道线曲线方程系数、起始点、终点、类型、长度等。

　　对于某一帧车道线，由于不同摄像头探测的视场不同，检测到的车道线类型可能有所不同（如前视摄像头检测为实线、而后视摄像头可能检测为虚线），所以车道线关联最可靠的方法是通过距离进行关联。首先，根据车道线方程的系数将车道线分为左侧和右侧车道线，然后分别对左右侧车道线进行融合，计算两条车道线之间的距离 d，并以此构建车道线距离代价矩阵：

$$f_{st}(L_{1_i}, L_{2_j}) = \begin{cases} 0, & 若 \ d \leqslant \text{thres} \\ 100, & 若 \ d > \text{thres} \end{cases}$$

其中，thres 表示是否为同一条车道线的阈值，一般设定为 0.2m。f_{st} 取值 100 是为了提高车道线的匹配率。所以，车道线距离代价函数可以表示为

$$\boldsymbol{L}_{m \times n} = \{f_{st}(L_{1_i}, L_{2_j}), i \in (1, \cdots, m), j \in (1, \cdots, n)\}$$

下面给出车道线距离计算的示例代码：

```cpp
1.    template <typename T, size_t Times>
2.    T calculatePolynominal(std::vector<T> &poly, T x) {
3.        T res = 0;
4.        for (size_t i = 0; i < Times; i++) res += poly[i] * pow(x, i);
5.        return res;
6.    }
7.
8.    double calculateDistanceBetweenLanes(Lane detect1,Lane detect2) {
9.        double a0_t = detect1.c0;
10.       double a1_t = detect1.c1;
11.       double a2_t = detect1.c2;
12.       double a3_t = detect1.c3;
13.
14.       double a0 = detect2.c0;
15.       double a1 = detect2.c1;
16.       double a2 = detect2.c2;
17.       double a3 = detect2.c3;
18.
19.       double max_dis = std::min(detect2.EndDis_truck, detect1.EndDis_truck);
20.       double min_dis = std::max(detect2.beginDis_truck, detect1.beginDis_truck);
21.
22.       double dis_avg = 0;
23.       int count = 5;
24.
25.       double gap = fabs(max_dis - min_dis) / static_cast<double>(count);
26.       for (size_t i = 0; i < count; i++) {
27.           std::vector<double> poly_t = {a0_t, a1_t, a2_t, a3_t};
28.           std::vector<double> poly = {a0, a1, a2, a3};
29.           double x = min_dis + i * gap;
30.           double dis_t = calculatePolynominal<double, 4>(poly_t, x);
31.           double dis = calculatePolynominal<double, 4>(poly, x);
32.           dis_avg += fabs(dis_t - dis);
33.       }
34.       dis_avg /= static_cast<double>(count);
35.       return dis_avg > 2000 ? 10000 : dis_avg;
36.   }
```

在判定为同一条车道线后，系统需要将车道线上的点进行离散化处理。这意味着将判定为同一条车道线的所有曲线函数进行离散化，然后按照车道线拟合步骤进行重新拟合，具体可参见第 4 章车道线后处理部分。车道线融合前后的示意图如图 6-17 所示。

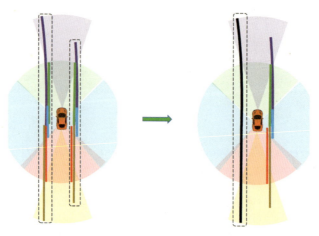

图 6-17　车道线融合前后示意图

6.3　多视觉感知后处理与 BEV 算法

作为传统的视觉感知方法，视觉感知后处理是在图像 2D 检测的基础上，利用摄像头参数等信息将 2D 感知结果映射到 3D 空间，以支持自动驾驶相关的任务。然而，这类传统后处理方法局限比较多，如对路面的平整度、车辆颠簸的敏感度等都有很高的要求。虽然当下大规模和深度学习的发展使得 2D 感知技术日益成熟，单目 3D 感知技术也得到了一定提升（如通过几何假设或者其他方式来估计图像深度信息），但单目 3D 感知的精度相对较低。

虽然利用深度学习的双目检测方法可以解决单目 3D 感知精度低的问题，但双目摄像头的视野和距离范围都受到比较大的限制，即只能感知到车辆前方中距离目标，对于远距离目标感知误差较大。对于高级自动驾驶系统而言，双目感知范围仍然不够，它需要探测车身 360° 范围内的目标和障碍物。为了更好地解决这一问题，系统需要利用深度学习方法将来自多个摄像头的图像从透视图转换到鸟瞰图（Bird's Eye View，BEV）。

相比于传统的 2D 感知方法，BEV 感知方法可以将多摄像头特征转换到相同尺度和统一的空间（即 BEV 空间），在 BEV 空间完成特征融合并进行检测，直接得到目标的大小和朝向信息。对于遮挡目标，BEV 感知方法基于先验知识完成区域预测，脑补出被遮挡区域可能存在的物体；同时还可以结合时序信息，形成 4D BEV 空间，更好地完成一些感知任务（如测速等），甚至可以直接输出运动预测到下游的决策规控模块。这种端到端的方法既可以避免误差累积，也大大减少了人工逻辑的作用，让感知网络可以通过数据驱动的方式来自学习，从而更好地实现功能迭代。

纯视觉 BEV 感知系统可以分为 3 部分：2D 特征提取器、视图转换模块（可选）、3D 解码器，图 6-18 所示。

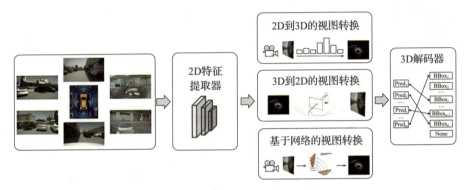

图 6-18　纯视觉 BEV 感知系统

由于纯视觉 BEV 感知系统和 2D 感知系统有着相同类型的输入数据，所以特征提取器可以表示为

$$F_{2D}^*(u,v) = M_{feat}(I^*(u,v))$$

其中，F_{2D} 表示 2D 特征，I 表示图像，M_{feat} 表示 2D 特征提取器，(u,v) 表示 2D 平面的坐标，$*$ 表示一个或多个 2D 图像对应的特征。

BEV 感知系统的核心是视图转换模块，这与 2D 感知系统存在较大的差异。一般视图转换有 3 种方法。

1）2D-3D 方法：这种方法是输入 2D 图像特征，通过深度估计将 2D 特征提升到 3D 空间。最常用到的就是 LSS 算法（见图 6-19），其在 2D 特征上预测网络深度分布，然后基于网络深度信息将 2D 特征映射到体素空间，公式如下：

$$F_{3D}(x,y,z) = \left[F_{2D}^*(\hat{u},\hat{v}) \otimes D^*(\hat{u},\hat{v}) \right]_{xyz}$$

其中，F_{3D} 表示 3D（或体素）特征，(x,y,z) 表示这些特征在 3D 空间中的坐标，F_{2D}^*

表示图像 2D 特征，$(\hat{u},\hat{v})$ 表示这些 2D 特征在图像中的坐标，$D^*(\hat{u},\hat{v})$ 表示在点 $(\hat{u},\hat{v})$ 上预测的图像深度信息，$\otimes$ 表示外积操作。

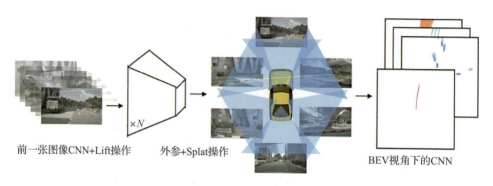

图 6-19　LSS 算法架构示意图

2）3D-2D 方法：采用 IPM（反透视映射）算法，通过建立 3D 到 2D 的投影映射，将 2D 特征编码到 3D 空间。这种方法强依赖于两个假设：一个是 3D 空间中的所有点都位于同一水平面上；另一个是它对摄像头的内外参有着强依赖。为了避免对上述两种假设的依赖，在网络中引入 Transformer 中的交叉注意力机制（见图 6-20），同时构建几何投射关系，具体公式如下：

$$F_{3D}(x,y,z)=\text{CrossAttention}(q:P_{xyz},kv:F^*_{2D}(\hat{u},\hat{v}))$$

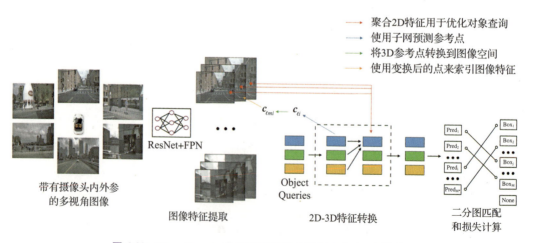

图 6-20　Transformer 中的交叉注意力机制在 BEV 中的应用

其中，q、k、v 分别表示查询（query）、键（key）、值（value），P_{xyz} 表示体素空间预定义的锚点，F_{3D} 表示 3D 空间（或体素空间）中的特征，(x, y, z) 表示 3D 空间中的坐标，F_{2D}^* 表示图像 2D 特征，$(\hat{u}, \hat{v})$ 表示这些 2D 特征在图像中的坐标。该公式的核心思想是使用 3D 空间中预定义的锚点作为 query，通过交叉注意力机制从 2D 特征中获取 value。

3）纯网络方法：不论是 2D-3D 方法还是 3D-2D 方法，几何投射过程中都可能引入投影偏差。神经网络可以隐式地获取摄像头的投射关系。很多 BEV 分割方法采用了多层感知机（MLP）或 Transformer 架构来隐式地建模 3D 到 2D 的投射关系。如图 6-20 所示的检测网络采用一个多层感知机（MLP）构建视图关系模块，通过处理多视图输入数据，获得映射视图下的特征，从而获得表征多个视角的共享特征表示。

随着 BEV 感知算法应用越来越广，传统后处理方法的生存空间越来越小。然而，并不是所有的任务都能被 BEV 算法覆盖的，如红绿灯识别、交通标识牌分类等。另外，由于 BEV 算法覆盖车身周围环境信息的同时，无法兼顾远距离的目标（如 100m 外），所以对于远距离目标测距，我们依然需要依靠传统后处理方法保证感知性能的稳定。对于 BEV 算法中的静态要素（如车道线等），我们也需要借助 SLAM 中的相关传统方法进行静态图的构建。